천년 역사를 품은 섬나라, 영국

일러두기

1. 이 책은 *Britain and the British People*(Oxford University Press, 1942) 초판을 번역한 것이다. 본문에 언급되는 영국의 정치적·사회적 상황은 제2차 세계대전이 진행 중이던 초판이 발행될 당시의 모습을 반영하고 있다.

2. 국제사회에서 U.K.로 약칭하는 영국의 정식 국호는 그레이트브리튼·북아일랜드 연합왕국(United Kingdom of Great Britain and Northern Ireland)이다. 여기서 그레이트브리튼 왕국(Kingdom of Great Britain)은 잉글랜드(England), 웨일스(Wales), 스코틀랜드(Scotland)를 포괄하는 개념으로, 1707년 잉글랜드 왕국(Kingdom of England, 웨일스를 포함함)과 스코틀랜드 왕국(Kingdom of Scotland)이 합병하며 채택한 국호였다. 이후 1801년 그레이트브리튼 왕국과 아일랜드 왕국(Kingdom of Ireland)이 합병하며 그레이트브리튼·아일랜드 연합왕국(United Kingdom of Great Britain and Ireland)이 되었다. 그러다가 1922년 아일랜드의 북쪽 일부를 제외한 대부분이 연합왕국에서 탈퇴하면서 1927년 오늘날 통용되는 영국의 국호가 확정되었다.

3. 1940~2024년 기간 영국의 물가지수는 약 150배 상승했다. 본문에 언급되는 화폐 가치를 환산하면 1파운드당 현재 가치로 약 150파운드에 해당한다.

Britain and the British People

천년 역사를 품은 섬나라

영국

어니스트 바커 지음
안경환 옮김

한울
아카데미

卞農田, 黃秀堂 두 勝友께

차례

결코 그럴 수야 없는 법

아스라이 먼 옛날부터

거스를 이 없는 대양의 기개 떨치며

세계의 찬양 뒤끓는 대해로 흘러들어

영국의 자유,

넘실 떨치며 도도히 흐르는 이 거대한 물결이

뭇 소택(沼澤)과 사구(砂丘)에 스며들어라

결코 그럴 수야 없는 법

우리의 전당에는 그 옛날 무적의 기사가 남긴 무구가 빛나고

셰익스피어의 언어로 말하고 밀턴의 도의를 신봉하는 우리

자유 아니면 죽음을 받아야 하느니

세상에서 가장 고귀한 피를 받고

침해받지 않을 각종 권리를 부여받았으니

　　　　_「결코 그럴 수야 없는 법(It is not to be Thought of)」(1802)[1]

1　영국의 낭만주의 시인 윌리엄 워즈워스(William Wordsworth, 1770~1850)의 작품이다. 대표 시집으로 『서곡(The Prelude)』(1850) 등이 있다 _ 옮긴이 주.

싸워라, 용사들이여! 앤드루 바턴 경이 외치지

나는 다쳤지만 죽지 않았어

잠시 누워 피를 흘리고 나서

다시 일어나 싸울 것이야

_ 전래 발라드 「앤드루 바턴 경(Sir Andrew Barton)」[2]

내 머리맡에 녹색 잔디 한 포기 놓아주게나

내 발치에도 한 포기 놓아주게나

내 옆에는 구부러진 활을 놓아주게나

내 감미로운 악기였으니

내 자갈 무덤 또한 녹색으로 치장해 주게나

내게 가장 합당한 색깔이니

가로세로 충분히 널찍하게 잡고

내 머리맡에는 잔디를 놓아주게나

그래야 내 당당하게 말할 수 있지

"여기 잠들어 있다네. 용감한 로빈 후드"

_ 전래 발라드 「로빈 후드의 죽음(The Death of Robin Hood)」

---

2 앤드루 바턴 경(Sir Andrew Barton, 1466?~1511). 스코틀랜드 출신의 선원으로
   해적으로 용맹을 떨쳤다. 포르투갈 선단을 상대로 전투 중에 죽어 잉글랜드와
   스코틀랜드의 민요에서 영웅으로 널리 기림받는다 _ 옮긴이 주.

옮긴이의 말: 약전(藥田) 김성식 선생님을 추억하며

이 책은 20세기 영국 정치학자 어니스트 바커Ernest Barker(1874~1960)가 쓴 *Britain and the British People*(Oxford University Press, 1942)을 우리말로 옮긴 것이다.[1] 바커는 20세기 전반 영국의 대표적인 정치학자였다. 편의상 정치학자로 소개되지만 역사, 철학, 문학 등 여러 분야에 걸쳐 높은 식견을 바탕으로 많은 통합적인 저술을 남긴 이른바 르네상스적 석학이었다.[2] 플라톤Platon(B.C.428?~B.C.347?)과 아리스토텔레스Aristoteles(B.C.384~B.C.322)로 상징되는 고대 그리스 철학자에서 존 로크John Locke(1632~1704)와 같은 근대사상가에 이르기까지 정치 공동체의 문제를 탐구한 선현들에 관한 많은 저술을 남겼다. 그런가 하면 당대 영국의 정치·사회 제도를 냉철하게 분석한 탁월한 논문도 많다. 또한 그는 영국의 자랑스러운 전통인 법제도에도 조예가 깊었다(이 책의 제4장을 참조). 무

---

1   이 책은 1955년에 개정판이 출간된 바 있다. 그러나 개정판도 현재 기준으로 보면 고루한 내용이 많다. 따라서 당초의 의도대로 제2차 세계대전 중인 1942년에 출간된 초판의 역사적 의의를 고려해 초판을 번역한다.

2   이 책의 서두에 인용된 시나 본문의 군데군데에 들어간 영국의 대표 문학작품 구절들을 보아도 르네상스적 지식인의 면모가 확연하게 드러난다.

엇보다도 바커는 영국의 역사에 자부심을 품은, 이를테면 '애국 사관'의 소유자였다.

"태양에 바래면 역사가 되고 월광에 물들면 신화가 된다." 20세기 한국 소설가 이병주(1921~1992)의 수사를 적용하면[3] 영국의 역사는 태양의 역사였다. 다른 유럽 국가에 비하면 영국사에는 어두운 월광이 드리운 신화의 요소는 미약하다. 바커는 영국의 역사를 태양을 향해 밝게 다가온 여정으로 평가했다.[4]

이러한 영국 학자 바커의 저술은 일찌감치 이웃 나라 일본의 지성사에 심대한 영향을 미쳤다. 메이지明治·다이쇼大正 시대 문명 개화의 모토가 근대국가의 건립이었고, 그 근대국가에는 아이러니하게도 천황이라는 전근대적 요소가 핵심 기제인 까닭에, 왕정을 유지하면서 근대의 첨병 국가로 도약한 영국의 역사와 정치제도에 대해 노골적인 경의를 품었을 것이다. 영국 입문서로 옮긴이에게 이 책을 추천한 약전藥田 김성식(1908~1986) 선생님도 1930년

---

3   김윤식, 『이병주 연구』(국학자료원, 2015).

4   이러한 바커와 견해를 달리하는 후세 학자들도 많다. "영국사는 운이 덜 좋은 다른 나라들의 역사와는 달리, 꿰맨 자국 없이 평화스럽게 이어진 역사라는 견해 역시 이 책에서는 철저하게 수정이 필요한 견해로 본다. 영국민의 역사는 복잡하고 때로는 난폭하거나 혁명적인 역사이며, 차질과 급격한 속도 변화와 진로 변경으로 가득 차 있다." 케네스 모건(Kenneth O. Morgan) 편저, 『옥스퍼드 영국사(The Oxford History of Britain)』, 영국사연구회 옮김[한울엠플러스, 1997 (1983)], 서문 9쪽.

대 규슈 제국대학 서양사학과 재학 시절에 이미 바커의 저술을 교재로 써서 배웠다.[5] 바커의 저술은 한국에도 널리 소개되었다. 국회도서관과 서울대학교 도서관에 많은 자료가 소장되어 있다. 바커의 저술은 김상협(1920~1995),[6] 이극찬(1924~2009)[7] 등 당대의 대표적인 정치학자들이 번역했고 그의 정치사상을 주제로 쓴 학위논문도 있다.[8] 저자가 타계한 지 60여 년이 지난 오늘날에도 그의 대표 저술은 전자출판으로 이어지고 있다.

약전 선생님도 바커의 역사관에 영향을 받았다. 그는 영국의 역사를 일러 성공한 역사라며 찬사와 함께 부러움을 드러냈다.[9] 영국인은 역사를 아끼는 민족으로, 과거에 일어났던 사실을 과장과

5　Ernest Barker, 「英國政治思想論」, 小島幸治 譯(東京: 大日本文明協會, 1924). 이 책은 서울대학교 도서관에도 소장되어 있다.

6　어니스트 바커, 『현대정치론(Reflections on Government)』, 김상협 옮김(1960).

7　이극찬, 「Ernest Barker의 민주주의 소고」, ≪연세논총≫, 제10호(1973.7), 161~187쪽.

8　한기식, 「Ernest Barker의 政治哲學: 民主政治의 倫理的 基礎」(고려대학교 대학원 정치학과 석사학위논문, 1957).

9　"역사에 성공한다는 말은 무슨 뜻일까. 그것은 우선 역사는 중단됨이 없이 연면히 계속되어야 하고 다음은 역사는 정체함이 없이 향상되고 있어야 한다는 말이다. (……) 앙드레 모루아가 그의 『영국사』에서 영국사는 '역사의 성공의 예'라고 말한 것도 그런 뜻에서가 아닌가 생각한다." 김성식, 『김성식 정치평론: 쓴소리 곧은 소리』(동아일보사, 1986), 295~296쪽.

미화 없이 순순히 받아들이면서 균형 잡힌 세계관을 바탕으로 민족주의와 민주주의를 조화롭게 결합시켜 세계의 모범 국가를 만든 국민이라며 칭송했다.[10]

제2차 세계대전 중인 1942년에 출간된 이 책은 바커의 저술 중에 가장 평이하고 간결하다는 평가를 얻었다. 심오한 사상서도, 체계적인 분석을 담은 이론서도 아니고 일반 지식인 독자를 유념한 압축된 영국 입문서다. 그래서 외국 독자에게는 더욱 유익한 자료가 되었다.

책이 출판된 지 80여 년이나 지난 시점에 번역해 내는 사실이 새삼스럽고 이례적으로 비칠지도 모를 일이다. 38년 전에 스승을 떠나보낸 제자도 대학에서 정년퇴임한 지 10년이 지난 시점이기에 인생의 막바지에 선 한 서생이 지난날의 향수를 추억하는 비망록의 성격도 묻어 있다. 실인즉 이 책은 약전 선생님의 생전에 이미 출판 원고가 준비되어 있었다. 1986년 1월 24일 선생님께서 돌연히 타계하기 전에 나는 선생님의 감수를 받은 번역 초고를 보관하

---

10 "영국이 정치적으로는 모범적 민주국가요, 사회적으로는 모범적 복지사회요, 개인적으로는 보수적 진보, 진보적 보수 양면을 갖게 되는 것은 모두 역사를 아끼고 모두 거기서 의미를 발견하고 세상의 지혜를 터득하고 있기 때문이다. (……) 또 한 가지 생각할 것은 아무리 좋은 역사와 전통(그것이 개인이건 사건이건)이라도 아끼고 소중히 여기긴 해도 절대로 우상화하지는 않는다." 김성식, 『김성식 정치평론: 쓴소리 곧은 소리』, 99~100쪽.

고 있었다. 유학 생활 중에 틈틈이 번역하면서 이해하기 어려운 부분에 대해 선생님의 고견을 듣기도 했다. 이 어쭙잖은 사연도 어쩌면 흘러간 시대의 한 단면을 조망하는 에피소드로나마 남길 가치가 있을지도 모른다는 생각으로 감히 출간에 나섰다. "역사는 과거와 현재와의 대화"라는 E. H. 카E. H. Carr의 경구가 새삼스럽게 다가온다.

언제 돌이켜 보아도 내가 교수가 된 것은 가히 천운이었다. 내게 그 천운이 내린 결정적인 계기도 약전 선생님과의 만남 덕분이었다. 1970년대 초반 대학원에서 헌법을 공부하던 나는 국민의 저항권이란 주제를 탐구했다. '유신헌법'의 짓누름이 일상에서도 숨통을 조이던 시절이었다. 시대의 격문을 쓸 역량도, 거리에 나설 용기도 없던 나는 도서관에서나마 무언가를 해야겠다는 강박감을 느끼고 있었다. 현실의 각박함과 자신의 무력함 속에 관념으로나마 기댈 구원을 갈구했다. 그때 내 머릿속에 떠오른 화두가 헌법적 권리로서의 국민의 저항권이었다.

명백한 불의를 자행하는 공권력에 대해 국민은 저항할 권리가 있지 않은가? 근대 헌법은 불의에 저항해 성공한 시민혁명의 산물이 아니었던가? 헌법은 단순한 조문이 아닌 역사적 문서가 아닌가? 역사를 모르고서야 어찌 헌법을 논할 수 있는가? 혁명을 통해 쟁취한 국민주권의 시대에, 국민은 주권자의 자격으로 국가에 대해 주장하고 요구할 권리가 있다. 그런데 국가가 국민의 정당한 요구를 거부하고 탄압한다면 국민이 취할 수 있는 마지막 수단은 무엇인가? 저항권 말고 달리 무엇이 있겠는가?

실제로 세상에 내놓고 쓸 수 있을지는 알 수 없었다. 그러나 민주 헌법의 원리를 공부하는 자세만은 가다듬어야 했다. 나는 당대의 사학자로서 한국의 현실에 대해 거침없이 필봉을 휘두르던 약전 선생님을 찾았다. 자연권과 인정人定권을 구분해, 전쟁을 포함한 어떠한 상황에서도 국가가 침해할 수 없는 국민의 자연권이 존재함을 역설하고, "인권의 안보가 국가의 안보"이며, "민주제만이 안정의 길"이고, "인권운동으로서의 학생운동"을 강조하고 "고등 종교의 현실 참여는 당연한 역사적 책무"라고 주창하는 선생님의 "시론"에 매료되어 있었다.[11]

첫 만남 이래로 나는 선생님의 특별한 총애를 받았다. 오로지 선생님의 첫 제자였던 죽은 내 아버지의 후광 때문이었다. 나의 돌잔치에 친히 참석하셨다는 말씀과 함께 두 손을 내민 노인은 마치 잃었던 손자를 되찾은 듯한 자애로운 눈길을 주셨다. 독실한 기독교 신자셨던 그분의 정신적 힘은 투철한 민족관과 신앙에 기초하고 있었다. 나처럼 종교의 세계에 낯선 속된 인간은 오로지 이성적인 사고와 경건한 습성의 배양을 통해 선생님의 정신세계에 접근해야 했다. 그러나 그것은 원천적으로 불가능한 일이었다. 선생께서

11 김성식, "현대사회와 인권", 같은 책, 331~343쪽.

는 해직 교수의 상태에서 마르틴 루터Martin Luther(1483~1546)의 전기를 썼다.[12] 루터의 종교개혁은 당시 신을 핑계로 내세운 교단의 압제에 대한 저항권의 발동이었고, 당신이 루터 전기를 저술한 것도 불의한 정권에 대한 저항권의 발로였다고 화갑 기념 논총의 자서自敍에서 술회하셨다.[13]

저항권은 단순한 법리를 넘어서는 역사·종교 철학의 산물이다. 선생님은 친절하게도 단어 하나하나의 어원과 역사적 의미를 되짚어 주셨다. 이를테면 'vindicatio'라는 라틴어 단어가 '정당성을 입증할 권리right to vindicate'라는 뜻의 영어로 발전했다고 했다. 이렇듯 저항권의 사상적 뿌리, 역사적 연원에 대해서는 선생님의 인도로 안목이 열릴 만한 문헌을 접했고 파생된 낱지식도 거둘 수가 있었다. 그러나 이를 '법적' 권리로 규범화하는 작업은 막막했다. 당시에 저항권을 정면으로 다룬 헌법 교과서는 전혀 없었고, 유신헌법을 현실 규범으로 받아들이는 '표준적'인 저술들에는 저항권은 '실정적 권리'가 될 수 없다는 식의 스쳐가는 언급이 있었을 뿐이었다.

1975년 봄의 일로 기억한다. 고려대학교의 심재우(1933~2019)

---

12 김성식, 『루터』(지문각, 1969; 한울엠플러스, 2017 재출간).

13 김성식, 「사림(史林)을 더듬어: 나의 학문의 편력」(金成植博士 華甲紀念論叢), ≪史叢≫, 제12호(1969.8.18), 729~742쪽.

교수께서 독일에서 박사학위를 받고 돌아오셨다. 그분이 학위논문에서 저항권Widerstandsrecht을 정면으로 다루었다고 들었다. 다음은 독일 헌법(당시에는 서독 기본법Grundgesetz) 제20조 4항(1968년 개정)의 문구다. "모든 독일 국민은 이 헌법의 질서를 폐지하려는 어떤 사람에 대해서도 다른 구제 방법이 없을 때는 이에 저항할 권리가 있다."

무턱대고 고려대학교 연구실로 찾아갔다. 젊은 교수는 낯선 학생의 방문을 따뜻이 맞아주면서도 본능적인 경계를 풀지 않았다. 그 엄혹한 시절에 저항권이라는 단어는 함부로 입에 올릴 만한 어휘가 아니었다. 논문을 빌리지 못한 채 돌아와 약전 선생님께 사정을 말씀드렸더니 선생님은 친히 소개장을 써주셨다. 선생님은 고려대학교를 정년퇴임하신 후에 경희대학교에서 특별명예교수로 재직하고 계셨다. 경희대학교 설립자인 조영식 총장은 평양 숭실학교 시절에 약전 선생님의 가르침을 받은 학생이었다고 한다. 조총장이 선생님을 극진하게 모신 이야기는 널리 알려져 있었다.

약전 선생님의 소개장을 들고 다시 찾아온 나를 심 교수께서는 활짝 반겨주셨다. "진작 그랬더라면 일이 쉬웠을 것"이라며 멋쩍은 웃음을 흘리셨다. 고려대학교 세계에서 약전 선생님의 위용은 엄청났다. 민족주의자, 민주 지식인의 요람으로서 고려대학교의 학풍과 정신이 오롯이 전해지고 있는 듯했다. 심 교수도 약전 선생님의 면모를 많이 닮았다. 그날 이후로 아주 드문드문 심 교수를 만

나 뵐 때마다 약전 선생님에 대한 존경과 그리움이 되살아나고는 했다.[14] 심 교수께서 조심스레 내주신 논문을 밤새워 손으로 베꼈다. 복사기가 없던 시절이었다. 당시로서는 매우 드문 영문 타이피스트에게 부탁해 사본도 만들었다(물론 독일 문자 움라우트는 찍을 수 없었지만).

약전 선생님은 1950년대에 『대학사』(1950)와 『독일학생운동사』(1957)를 저술하셨다. 그 뒤에 고희가 넘어서야 해외여행이 허가되어 두 차례 미국과 유럽을 여행하며 평생 구축했던 사관의 현장 검증을 마쳤다. 영국을 극도로 찬양하는 반면에 독일은 극도로 비판하셨다.[15] 당시 내가 공부하던 독일 헌법학에는 일본의 천황 주

---

14 심재우, 『열정으로서의 법철학: 심재우 교수 법철학 선집 1』(박영사, 2020).

15 두 차례 여행의 결과물로 선생님은 두 권의 여행기를 펴냈다. 『내가 본 서양: 서구인의 역사의식』(정우사, 1979)과 『역사와 우상: 두 번째 내가 본 서양』(정우사, 1980)이다. 특히 『내가 본 서양』을 내게 주시면서 선생님은 두 군데를 손으로 가리키며 당부하셨다. "옥스퍼드 대학교 머튼칼리지 대문 벽에 제1~2차 세계대전 전몰 학생 명단이 새겨져 있음을 감명 깊게 보았다", "죽은 자에 관용하라!"(119쪽). 그런데 적국이었던 독일 학생들의 이름도 함께 새겨져 있는지는 미처 확인하지 못했다고 하셨다. 후일 현장에서 나는 몇몇 독일계 이름이 함께 새겨져 있는 것을 확인했다. 약전 선생님의 부탁을 받은 ≪동아일보≫ 특파원 박권상 선생이 먼저 확인했다는 글을 읽은 기억이 있다. 그리고 마지막 구절을 되새겨 보라고 당부하셨다. "서구인의 관용은 코스모폴리탄(코즈모폴리턴)적인 고전주의 정신에 있다. 그들이 지금까지 고전주의를 벗어나지 않고 있는 한 그들은 급진적이 될 수 없고, 급진적이 아닌 이상 너그럽고 아량 있는 국민이 아니 될

권설을 뒷받침한 국가학Staatslehre의 전통을 고스란히 수용하고 있었다. '철혈재상 비스마르크'의 신화도 살아 있었다. 유신헌법도 불가피한 시대적 규범으로 받아들이는 체념의 분위기가 팽배했다. 국회를 해산한 초법적 조치나 걸핏하면 계엄령을 선포하는 대통령의 행위도 고도의 정치성을 띠는 '통치행위Regierungsakt'이므로 사법 심사의 대상에서 제외된다고 했다. 또한 공무원은 국가와 '특별권력관계'에 있기 때문에 일반 국민보다 기본권이 제한된다. 게다가 행정기관의 자유재량 행위는 범위가 넓었다. 한마디로 국가는 국민을 다스리는 존재이지 섬기는 존재가 아니라는 논리였다. 이러한 독일 국가학(헌법과 행정법)의 유산은 오래도록 우리 학계를 지배했다.[16] 선생님은 영국의 역사는 성공한 역사인 반면에[17] 독일의 역사는 실패한 역사로 규정했다.[18] 독일인의 역사관과 정

수 없다. 그렇기 때문에 우리와 같은 이국적 동양인이라도 그들 사이에 끼어서 큰 숨을 쉴 수가 있는 것이다. 내 조국도 그랬으면 좋겠다"(328~329쪽).

16 최근에 들어서야 독일법 지상주의에 대한 비판의 목소리가 한 행정법학자의 저술에 나타났다. 최선웅, "머리말", 『재량과 행정쟁송』(박영사, 2021), i~xxxi쪽.

17 "영국사에서 예를 든다면 로크의 『정부론』은 민주주의의 선구적 저서로 꼽히는데 실은 명예혁명이 지난 뒤 그 사실을 이론화한 것이다. 그러니까 로크의 이론은 선례가 있었기 때문에 현실과 이론이 서로 상치되지 않는다." 김성식, 『김성식 정치평론: 쓴소리 곧은 소리』, 128쪽.

18 "서구에서 가장 늦게 국민화된 나라는 독일이다"(21쪽), "앙드레 모루아가 그의 저서 『영국사』에서 '영국의 역사는 인류의 가장 현저한 성공의 한 예다'라고 한

치사상은 시민혁명을 이루지 못한 정치 후진국 콤플렉스의 발로라는 극언까지 하셨다. 선생님은 내게 영국사에 대한 관심을 유도하셨고 기회가 닿으면 읽어보라고 주신 리스트 중에 이 책도 들어 있었다. 선생님의 정치 시평과 사관의 형성에 이 책이 큰 영향을 미쳤음을 알 수 있었다.[19]

대륙에서 떨어진 외진 섬에 이주해 들어온 여러 민족이 제각기 특성을 유지하면서도 하나의 공동체로 발전해 온 영국의 역사는 균형 잡힌 통합의 모범 사례다. 중앙과 지방, 민간society과 정부, 여당과 야당, 국교와 비국교, 이렇게 모든 세력 간에 균형을 유지하며 전통을 계승하고 발전시켜 온 나라가 영국이다. 특히 종교가 정치의 핵심 요소가 되었고, 코먼로common law가 신분의 차이 없이 국민 생활 전반을 지배하는 규범으로 작동해 왔다. 20세기 후반에는 자유에서 평등의 문제로 국가정책의 주안점을 이동시켜 제2차 세계대전 중에도 복지 예산을 대거 확충하며 복지 시대의 첨병 국가로 나선 것을 선생님은 찬양했다.

그런데 나는 실로 뜻밖의 사고로 대학원 학업을 중단했다. 내 인

말이 옳다고 하면 '독일의 역사는 인류의 가장 현저한 실패의 한 예다'라고 한 것도 일리가 있는 말이 아니겠는가?"(296쪽). 김성식, 『내가 본 서양』.

19 약전 선생님의 정치 평론을 연구한 후세인의 석사학위논문도 있다. 조용준, 「김성식의 정치평론 연구: 시민사회론을 중심으로」(서울대학교 대학원 정치학과 석사학위논문, 2000).

생 최대의 위기였다. 인간에 대한 신의를 잃고 삶 자체에 대한 절망에 허덕인 날들이었다. 헌법도 저항권도 아득한 뒤편으로 밀려났다. 불안과 좌절의 날들을 보내는 나에게 선생님은 당신 자신의 이야기로 위로와 격려를 대신하셨다. 일제강점기에 재직하던 숭실학교가 신사참배를 거부해 학교 문을 닫았다. 삶의 터전을 잃은 선생님은 광복의 날까지 장장 7년간 '쌀장수' 노릇을 하며 세월을 보냈노라고 하셨다. 너는 나나 네 아버지보다는 처지가 낫지 않은가? 개인의 문제이지 나라의 문제는 아니지 않은가? 나라를 사랑하는 마음만 가꾸고 살면 굳이 학문의 길이 아니어도 달리 길이 있다. 높은 곳을 바라보려고 들지 마라. 인생을 '길게' 그리고 세상을 '넓게' 보아라. 이 세상에 너보다 불행한 사람이 얼마나 많은지. 그 사람들을 위해 네가 할 일이 왜 없겠느냐?

1979년 10월 26일 거짓말 같이 한 사람의 죽음으로 세상이 바뀌는 듯한 빛줄기가 비쳐왔다. 이듬해 나는 직장 생활을 정리하고 만학의 길에 나섰다. 당초 염두에 두었던 독일 대신 미국을 택했다. 민주주의의 보루이자 사법 왕국으로 불리는 미국의 법제도에서 사회적·경제적 약자가 어떤 대우를 받는지가 나의 관심 주제였다. 연방대법원의 판결과 판사들의 사법 철학을 연구한 첫 번역서[20]와 저

---

20 러셀 갤로웨이(Russell W. Galloway Jr.), 『법은 누구 편인가(The Rich and the Poor in Supreme Court History)』, 안경환 옮김[고시계, 1985(1983)]. 선생님은

서를 선생님의 영전에 바쳤다.[21] 선생님의 사상과 생활철학을 간명하게 대변한 선생님의 마지막 "시론"에 나오는 구절의 의미를 내나름대로 구현한 것이었다. "세상에서 제일 빛나는 것"은 약한 사람의 아픔에 동참해 흘리는 "연민의 눈물"이라는 그 구절은 선생님께서 내게 주신 유언이 되었다.[22]

이러한 숨은 사연이 담긴 원고가 마침내 한울엠플러스(주) 박행웅 고문님의 주선으로 책으로 만들어졌다. 출판계 원로이자 여러 양서의 번역가이기도 한 박 고문님도 나와 마찬가지로 약전 선생님의 숭배자였다. 연전에 ≪교수신문≫에서 기획한 '스승의 스승'이란 칼럼란에 실린, 약전 선생님을 추억하는 내 글을 읽고 연락을 주셨다. 서로 독자로 지나다가 뒤늦게 만난 우리는 우리가 공유한 시대와 스승을 거멀못 삼아 지식과 생각을 나누는 익우益友가 되었다.

이 책의 가치는 1942년 당시의 상황을 그린 역사적 문서로서 빛

이 책을 읽으시고 매우 기뻐하셨다.

21 안경환, 『미국법의 이론적 조명: 윌리암 다글라스 판사의 법사상』(고시계, 1986); 『윌리엄 더글라스 평전: 위대한 이름 불행한 인간』(라이프맵, 2016). 선생님이 작고하신 지 6개월 후에 출간되었고 나의 교수 임용에도 유익한 연구 업적이 되었다.

22 김성식, "(동아시론) 세상(世上)에서 제일 빛나는 것", ≪동아일보≫, 1986년 1월 20일 자, 5면.

나지만 오늘날 독자의 편의를 위해 최소한의 업데이트 작업을 부기했다. 이 책의 저자와 약전 선생님은 영국이 중앙과 지방, 민간과 정부, 여당과 야당, 국교와 비국교 간에 중용을 이루어왔다고 했다. 현대 영국은 이민의 나라다. 오늘날 영국 거주민 여섯 명 중 한 명은 외국에서 태어나 영국으로 건너온 이주민인데, 이는 미국보다 높은 비율이다.[23] 이 책의 번역서를 출간하는 2024년 기준으로 놀랍게도 영국, 스코틀랜드, 런던의 수장 자리는 모두 남아시아계 이민자의 자녀들이 차지하고 있다. 북아일랜드와 웨일스를 이끄는 수장들은 영국이 아닌 외국에서 태어났다.[24] 또한 영국 의회정치의 상징인 의회 광장에는 윈스턴 처칠Winston Churchill(1874~1965)의 동상과 함께 마하트마 간디Mahatma Gandhi(1869~1948)와 넬슨 만델라Nelson Mandela(1918~2013)의 동상도 함께 어우러져 서 있다. 오늘날 영국이 기독교계 원주민과 비기독교계 이주민 간에 균형 잡힌 통합을 향해 나아가는 모습은 80여 년 만에 이 책을 번역 출간

---

23 "Britain is the best place in Europe to be an immigrant: What other countries can learn from its example," *The Economist*, March 21, 2024.

24 현재 영국 수상 리시 수낵(Rishi Sunak, 재임 2022~)은 인도계 힌두교도이며, 스코틀랜드 자치 정부 수반 홈자 유사프(Humza Yousaf, 재임 2023~)는 파키스탄계 무슬림이다. 런던 시장 사디크 아만 칸(Sadiq Aman Khan, 재임 2016~) 역시 파키스탄계 무슬림이다. 웨일스 자치 정부 수반 본 게싱(Vaughan Gething, 재임 2024~)은 아프리카 잠비아 태생의 흑인이며, 북아일랜드 자치 정부 수반 미셸 오닐(Michelle O'Neill, 재임 2024~)은 아일랜드에서 태어났다.

하는 시점에서 매우 의미 있는 시사점이라고 할 것이다.

또한 원서의 소략한 각주에 더해 비교적 많은 옮긴이 주를 부가했다. 박 고문님께서 약전 선생님의 글 모음을 넘겨주셨기에 각주에 반영할 수 있었다. 또한 출판사 편집부의 매끈한 가심질에 경의를 표한다.

마지막으로 상업성이 전혀 없는 책을 흔쾌히 내주신 한울엠플러스(주) 김종수 대표님의 호의에 감사드린다. 양서만을 고집하는 출판사의 자부심에 금이 가지 않았으면 하는 절실한 바람이다.

2024년 6월 우면산 청운재青雲齋에서

안경환

지은이의 말

이 책에 담긴 모든 서술은 브리튼Britain 섬(들)에 한정된다. 중세의 문구를 빌리자면 '브리튼(영국)의 사건The matter of Britain'만을 대상으로 한 것이다. 브리튼이라는 어휘와 함께 흔히 혼용되는 브리튼 제국British Empire(대영제국) 또는 브리튼 연방British Commonwealth of Nations(영연방)은 보다 넓은 주제다.

이 책의 독자는 '브리튼과 브리튼 사람들'이란 문구가[1] 우리가 사용하는 동전에 새긴 라틴어(BRITT. OMN. REX), 즉 조지 6세George VI(재위 1930~1952)[2]가 국왕임을 선언한 '모든 브리튼'을 의미한다는 것을 유념하기 바란다. 여러 개의 다른 브리튼을 제외하고 '하나의 브리튼'만을 지칭하는 것은 평면적이고도 불완전하다. 세계인의 눈에 비친 브리튼은 하나가 아니라 여럿이다. 그럼에도 불구하고 많은 사람이 하나로 여기는 것도 엄연한 사실이다. 그러한 연유에 따라 이 책에서는 브리튼의 모든 영토에 걸쳐 포괄된 공통점

---

1   '브리튼과 브리튼 사람들'은 이 책의 원서 제목인 *Britain and the British People* 의 표현이기도 하다 _ 옮긴이 주.

2   이 책의 원서가 출간되던 1942년 당시 영국 국왕이다 _ 옮긴이 주.

을 추출할 것이다. 이를테면 "셰익스피어William Shakespeare가 사용했던 언어를 상용하고, 밀턴John Milton이 숭상했던 신념과 도덕을 공유하는" 모든 사람을 아울러 다룰 것이다.[3]

필자는 이 책의 출판에 협력해 주신 분들에게 고마움을 전하고자 한다. 출판의 전 과정을 통해 시종일관 협업이 이어졌다. 일부 주제와 항목들(특히 마지막 장에 다룬 주제들)은 출판사의 제언에 따른 것이고, 출판사의 인도에 따라 필자는 본문과 함께 실릴 사진, 지도, 도표 등 세부 사항을 제언했다.

호머Homer(호메로스)가 쓴 시에 이런 구절이 있다.

"두 사람이 함께 길을 가노라면 둘 중 하나가 동행보다 앞서 뭔가를 보게 된다." 이 책의 경우가 그렇다. 독자가 즐거워할 내용이 있다면 그것은 둘 사이의 협업의 산물이다. 그러나 만약 어떤 흠이라도 있다면 원인은 분명히 하나다. 즉, 절대로 출판사의 잘못은 아니다.

1942년 6월 7일 케임브리지에서
어니스트 바커

---

3 "who speak the tongue That Shakespeare spake; the faith and morals hold Which Milton held." 윌리엄 워즈워스, 「결코 그럴 수야 없는 법」의 구절 _ 옮긴이 주.

주요 역사적 사건

B.C.55~A.D.407년	로마의 지배
407~1066년	튜턴(Teuton)족과 스칸디나비아(Scandinavia)족의 이민
1066년	노르만(Norman)의 정복
1150~1200년	법원 제도의 발전
	옥스퍼드 대학교와 케임브리지 대학교의 설립과 부상
1215년	마그나카르타(Magna Carta, 대헌장)의 조인
1295년	모범의회(The Model Parliament)의 소집
1350~1400년	형평법(Equity)과 형평법원(Court of Chancery)의 발전
1485~1603년	튜더(Tudor)왕조
1533년	영국 종교개혁의 시작
1559년	수장법(Acts of Supremacy)과 예배통일법(Act of Uniformity)의 제정
1583년	청교도(Puritan)의 부상
1601년	빈민구제법(Poor Relief Act)의 제정
1603~1714년	스튜어트(Stuart)왕조
1620~1640년	뉴잉글랜드 이민
1642~1660년	잉글랜드 내전과 청교도 정권(Commonwealth)
1660년	찰스 2세의 왕정복고
1662년	예배통일법과 비국교도의 부상
1688~1689년	명예혁명과 권리장전(Bill of Rights)
1689년	종교관용법(Toleration Act)

1695년	출판물의 사전 검열제 폐지
1707년	잉글랜드와 스코틀랜드의 통합: 그레이트브리튼(Great Britain)의 탄생
1714년 이후	하노버(Hanover)왕조의 등장
1730년 이후	웨슬리언 신학(Wesleyanism)의 부상
1760년 이후	산업혁명
1776년	미국독립선언
1800년	그레이트브리튼과 아일랜드의 통합
1828년	비국교도 해방, 종교심사법(Test and Corporation Acts)의 폐지
1829년	로마가톨릭해방법(Roman Catholic Emancipation Act)의 제정
1832년	제1차 정치개혁법(First Reform Bill)의 제정: 참정권 확대
1835년	지방자치단체법(Municipal Corporations Act): 자치군(borough) 제도의 개혁
1840년 이후	근대적 공무원 제도의 도입
1867년	제2차 정치개혁법(Second Reform Bill)의 제정 제1차 램버스 종교회의(Lambeth Conference)의 개최
1869년	아일랜드교회(Church of Ireland)의 국교 지위 상실(disestablishment)
1870년	초등학교법(Elementary Education Act)의 제정
1871년	대학교 교과과정에서 종교 시험 폐지
1884~1885년	제3차 정치개혁법(Third Reform Bill)의 제정
1888년	지방자치단체법(Local Government Act)의 제정

1902년	(중등학교) 교육법(Education Act)의 제정
1908~1911년	공공사회서비스(public social service)의 확대
1911년	의회법(Parliament Act)의 제정: 양원의 상호 관계 설정
1918년	제4차 정치개혁법(Representation of the People Act)의 제정
1920년	웨일스 지역 국교제 폐지
1922년	아일랜드 자유국[Irish Free State, 에이레(Eire)]의 탄생: 자치령(dominion) 지위 인정
1928년	제5차 정치개혁법(Equal Franchise Act)의 제정: 보통선거의 도입
1929년	지방자치단체법(Local Government Act)의 개정
1933년	지방자치단체(통합)법(Local Government Consolidating Act)의 제정
1939년	군사훈련법(Military Training Act)의 제정

제1장

—

영국 공동체

지방의 관점

한동안 외국 땅에서 살다가 고국으로 돌아온 (계절은 봄이라고 가정하자) 영국인이라면 누구나 자연스럽게 받는 인상이 있다. 그중 하나가 영국은 아담하게 작은 나라라는 느낌이다. 이 세상 어디서나 섬들은 대체로 아담하고 작게 느껴진다. 우리 섬도 그렇다. 땅 위를 달리는 기차도 매우 빠르게 달리지만 어쨌든 자그마하다(거대한 미국 대륙에 비하면 모든 것이 소형임). 귀향한 영국인이 고국산천에서 받는 또 다른 인상은 자연 평원이 펼쳐진 녹색의 땅이라는 것이다. 인근에 멕시코만류Gulf stream가 감싸 돌고 철 맞추어 잔잔한 비가 내린다. 어느 시인이 읊은 바대로 "녹색의 쾌적한 땅(this green and pleasant land)"[1]이다. 또 다른 인상은 울타리가 쳐진 들과 깔끔하게 가꾸어진 정원의 시골 풍경이다. 그러나 시골에서 받은 청결한 인상은 닥지닥지 늘어선 연립주택과 검은 연기가 뿜어져 나오는 굴뚝으로 가득 찬 음험한 도시들을 보면 몹시도 흐트러진다. "녹색의 쾌적한 땅"이라고 찬미했던 바로 그 시인이 "어두운 악귀 같은 공장들(dark satanic mills)"[2]이라고도 쓰지 않았던가!

영국 전체가 다양하고 특이한 요소가 합성된 땅이다. (제각기 다르면서도 하나가 되는) 그런 곳이다. '화이동 和而同, multum in parvo'이라는 옛말이 더없이 적확하다.

한적한 기차 여행에 나서면 창밖으로 다투어 출현하는 풍경들이 이어져 하나의 거대한 만화경을 만난다. 널찍한 평원에 이어 석회암 계곡, 맷돌로 간 듯한 작은 돌들, 잡초 무성한 언덕 등 마치 조물주가 모자이크 기법으로 지질학 박물관을 건축한 듯한 착각이 들 지경이다. 그것은 또한 인간의 모자이크 작품이기도 하다. 이 땅에는 여러 민족nation이 살고 있고(영국은 다민족국가임) 같은 민족 안에도 다양한 종족이 있다. 같은 스코틀랜드 사람이라도 하일랜드Highland(고지대) 사람은 로랜드Lowland(저지대) 사람과 다르다.

---

1   영국의 낭만주의 시인 윌리엄 블레이크(William Blake, 1757~1827)의 애국 시 「예루살렘(Jerusalem)」(1804)의 한 구절. 중세 웨일스의 시인 오언 글린(Owan Glyn, 1359~1415?)의 시에도 같은 구절이 있다 _ 옮긴이 주.

2   블레이크의 같은 시 「예루살렘」의 구절 _ 옮긴이 주.

같은 잉글랜드에서도 북부 사람은 남부 사람과 다르고, 동부 잉글랜드인은 (서남부의) 콘월Cornwall인과 다르다. 그뿐만 아니라 랭커셔Lancashire 사람과 요크셔Yorkshire 사람, 더럼Durham 사람과 레이크Lake 사람은 서로 다르다. 때로는 매 카운티county[3]가 하나의 독립국가처럼 보인다. 어쨌든 저마다 고유한 기질이 있다. 이 때문에 원활한 지방행정을 위해 구역을 획정하는 과학적이고도 합리적인 기준을 세우기가 매우 힘들다.

또한 흡사 모자이크를 연상시키는 다양한 직업 패턴과 경제구조는 지질학적 내지 인문학적 모자이크만큼이나 다양하다. 랭커셔는 면화가 핵심 산업이고, 더럼은 철저하게 석탄이다. 요크셔는 양모 산업의 본고장이고, 워릭셔Warwickshire는 금속 재료로 무엇이든지 만들어낸다. 우리 조상들은 잉글랜드는 '선박과 양ships and sheep'의 땅이라고 불렀다(선박이 주로 청어잡이에 동원되었던 역사의 소산임). 과거에 잉글랜드의 주요 자산은 청어 어군rampant과 양 떼couchant였던 시절이 있었다고 할 수도 있다. 그러나 지극히 다양하고 복합적인 오늘날 우리의 경제생활을 어떤 특정한 기준으로 판단하기는 거의 불가능한 일이 되었다.

극심한 모자이크 현상 때문에 인구 배분은 지극히 불평등하고도 불균형적으로 되었다. 영국을 찾는 이방인들은 이러한 사실에

---

3   우리말로는 보통 주(州)로 번역한다 _ 옮긴이 주.

매우 놀란다. 자동차나 기차를 타고 한적한 시골을 몇 마일 지나다
보면 이내 사람들이 땅 위에 겹쳐 선 듯한 인상을 받는다. (영국의
문필가) 윌리엄 코빗William Cobbett(1763~1835)의 표현을 빌리면 "종
양wens 모양"의 소도시들을 마주치게 된다. 잉글랜드와 웨일스의
인구밀도는 1제곱마일당 703명으로 유럽 1위다. 벨기에가 687명
으로 두 번째로 인구가 조밀한 유럽 국가다. 자바Java섬이 1제곱마
일당 784명으로 지구상에서 의미 있는 통계가 나오는 지역으로는
유일하게 영국보다 더 조밀한 땅이다.[4]

높은 인구밀도만큼이나 비관적인 사실은 인구 분포의 상황이다.
여러 요인을 감안하면 적정한 규모의 도시는 인구 5만 명이 상한
이다. 이 규모라야만 주민 간의 의사소통이 가능한 진정한 공동체
를 유지하고 대지와 자연의 소리와 경치에 접근할 수 있다. 이런 기
준에서 볼 때 (잉글랜드와 웨일스의) 우리는 주민 절반 가까이가 자
연의 축복을 박탈당한 셈이다.

민족과 민족의식

민족nation은 인종race인가? 이 물음에 대한 답은 '인종'을 어떻

---

4   인도네시아가 네덜란드로부터 독립한 것은 1950년의 일이다. 이전까지는 유럽
    의 일부로 통계 연구의 대상이 되었다 _ 옮긴이 주.

게 정의하는지에 달려 있다. 신체 특성을 기준으로 다른 무리와 구별 짓기 위해서라면 (두개골의 구조, 피부색, 골격 등) 인종이란 용어는 나름대로 의미가 있다. 인종은 민족과는 다르다. 지구상의 모든 나라(백번 양보해 대부분 나라)는 여러 인종이 혼합된 다인종 국가다. 역사적으로 끊임없는 침입과 교류를 통해 여러 인종 사이의 혼합이 이루어졌다. 이런 의미에서 브리튼 민족은 바다를 건너왔거나 (프랑스) 르아브르Le Havre에서 (노르웨이) 베르겐Bergen에 이르는 서유럽 지역에서 넘어온 여러 인종의 아말감이다. 이러한 아말감의 주된 두 인종은 북유럽의 노르딕계 인종stock과 남유럽의 지중해계 인종이다. 둥근 턱의 알프스계 인종은 거의 없다. 프랑스와 중부 유럽 전체에 퍼져 있는, 인내심이 강하고 농업기술의 선구자인 알프스계 인종의 부재는 영국에게는 적지 않은 약점이다. 그러나 나머지 두 인종의 특질은 혼합되어 우리의 역사를 빛내주며 후손은 커다란 혜택을 누리고 있다.[5]

그러나 인종은 우생학과 인류학의 진보에도 불과하고 아직도 미궁 속에 머물러 있다. 인종보다 더욱 확실한 증거는 브리튼인 내지는 켈트족은 기원전에 이미 우리 섬으로 유입되었고, 로마가 한동안 우리 섬을 통치했다는 역사적 사실이다. 400년(43~407년) 가까

---

5   바커의 앞선 저술 "유전적 요소(The Genetic Factor)", *National Character* (1927), pp. 19~42 참조 _ 지은이 주.

이 로마의 통치를 받은 물리적 흔적을 오늘날에도 확인할 수 있다. 이어서 600여 년(407~1066년)에 걸쳐 북서 유럽의 여러 튜턴Teuton 족의 연이은 침입이 있었다. 남쪽과 (네덜란드) 프리지안Frisian 해안의 색슨Saxon(또는 앵글로색슨)족이 선발대였다. 이어서 노르웨이와 덴마크의 데인Dane(또는 스칸디나비아)족의 침입이 있었고, 마지막으로 프랑스화gallicized된 스칸디나비아Scandinavia족이 세운 (노르망디 지역에 10세기에 정착한) 노르망디Norman공국의 침입으로 1066년 노르만 정복이 완성되었다.

이러한 단계와 단계의 역사적 사실이 남긴 중요한 영향이 관찰자의 관점에 따라 비중이 다른 것은 너무 자연스러운 일이다. 노르만 정복의 중요성에 집착해 이전의 앵글로색슨Anglo-Saxon 시대, 고대 왕국을 폄하하는 '때 빼고 광내기spit and polish'를 서슴지 않은 사람들도 많다[토머스 칼라일Thomas Carlyle(1795~1881)도 그중 하나임]. 그러나 앵글로색슨 시대의 고대 영어는 우리 시의 운율과 톤에 결정적인 영향을 미쳤고 사람들의 심성과 기질 속 깊이 뿌리내렸다. 또한 앨프리드 테니슨Alfred Tennyson(1809~1892)처럼 로마가 물러간 후에 들어온 여러 튜턴족을 뭉뚱그려 '우리는 노르만과 색슨, 그리고 데인족'이라고 정의하는 사람도 있다. 튜턴족이 침입하기 전에도 영국의 여러 섬에는 브리튼인들이 엄연히 살고 있었고, 아직도 많은 우리 몸속에 브리튼인의 피가 흐르고 있다. 그들 다수가 웨일스와 북부 스코틀랜드나 아일랜드의 섬에서 고립적 폐색閉塞을 선택했지만, 그들 중 일부는 튜턴 정착자들과 섞여 후손을 창출했다. 크고 작은 배를 타고 북해를 건너온 사내 무리는 자연스럽게 하든 아니면 폭력을 동원해서든 선주민의 딸들을 아내로 삼았을 것이다. "아비가 누구든 무슨 상관이랴? 어머니는 분명히 웨일스 사람이니까." 거의 50년 전 옥스퍼드 대학교의 한 만찬 식탁에서 글래스고 대학교의 저명한 웨일스 도덕철학 교수의 입에서 나온 말을 필자는 직접 들었다. 그는 이 말을 역사적 사실로 받아들인 듯했다. 그 자신이 북부 잉글랜드의 서부 지역 출신이라 자신의 혈관 속에 먼 옛날 웨일스인 조상의 피가 흐르고 있을지 모른다고 생각하고 있었다. 단순한 추측에 불과하지만 설령 오류로 밝혀지더라도 충분히 허용되는 추측이자 사면받을 수 있는 신념이다.

어떤 각도에서 보든 영국은 [『에레혼Erewhon』(1872)[6]의 작가] 새뮤얼 버틀러Samuel Butler(1835~1902)가 즐겨 썼듯이 언제나 '교차 crossing'로 점철된 '혼합 사회'였다. 우리 언어를 살펴보자. 언어에도 교차가 일어났는가? 영어는 일반적으로 튜턴어로 분류되지만 오늘날 우리가 사용하는 어휘의 절반 이상이 라틴어에서 유래한다. 영어는 게르만어와 로마어를 연결하는 '교량bridge 언어'다. 단순 투박한 게르만어와 화려한 라틴어를 결합해 풍부한 어휘에 광휘와 음영을 덧칠한 언어다. 이런 까닭에 영어는 미국과 영연방의

---

6 'nowhere'의 글자 순서를 바꾼 제목의 반유토피아 소설이다 _ 옮긴이 주.

광대한 지리적 공간에 더해 전 세계인에게 가장 '기본적인' 언어로 국제 보편어이자 모든 사람의 제2의 언어로 자리 잡게 된 것이다.

영어를 상용어로 하는 나라들은 영어라는 언어 외에도 다른 특질을 보유한다. 연합왕국United Kingdom of Great Britain and Northern Ireland은 잉글랜드와 함께 스코틀랜드와 웨일스 그리고 북아일랜드를 포함하는 '브리튼'국인 것이다[아일랜드는 '북'아일랜드 지역에 한정된다. 남쪽과 서쪽 아일랜드(아일랜드어로 에이레Eire)는 1922년 별도의 자치령으로 성립해 연합왕국에 속하지 않는다. 그 대신에 영연방의 일원이 되었다].[7] 영국은 다민족국가다. 잉글랜드 민족, 스코틀랜드 민족, 웨일스 민족, 북아일랜드의 얼스터Ulster 민족의 네 개 민족으로 구성되어 있다. 이들 민족 간의 차이가 빚어내는 다원성이야말로 국력의 원천이다. 잉글랜드인은 스코틀랜드인에 대해 농담을 하지만, 그들의 지혜와 용기를 찬양한다. 스코틀랜드인도 잉글랜드인을 향해 조심스럽게 감사의 마음을 표한다. 영어가 아닌 언어는 대체로 제2의 언어로 사용되지만 일부 민족에서는 드물게 유일한 언어로 쓰이기도 한다. 웨일스에서는 웨일스어가, 스코틀랜드 하일랜드에서는 게일어Gaelic가 일상어다. 민족에 따라 별도의

---

[7]   1937년 아일랜드가 완전히 독립하며 영연방 탈퇴를 선언했으나 영국이 이를 인정하지 않다가 1949년에 탈퇴를 승인했다. 이 책이 출간되던 1942년에는 아직 영국이 연방 탈퇴 승인을 하기 전이다 _ 옮긴이 주.

공공 기관을 보유하기도 한다. 가령 북아일랜드에서는 1922년 이래 벨파스트Belfast에 독립된 의회가 세워졌다(그러나 오늘날까지 런던의 의회에 대표자를 보내고 있음). 스코틀랜드도 독자적인 법원과 스코틀랜드 장로교회Presbyterian Church of Scotland를 유지한다. 이렇듯 독자적인 민족의식이 장차 자율 내지는 자치 정부Home Rule 운동을 부추길지 여부는 아직 속단할 수 없는 일이다. 스코틀랜드와 웨일스에서 이런 움직임이 있지만 아직은 학문적 차원의 추상적 논의 수준에 머물러 있다. 스코틀랜드와 웨일스의 일반적인 정서는 스스로 독립해 고립의 길을 걷는 자치 정부보다 연합왕국의 일원으로 많이 주고 많이 받는 편이 더 이득이라는 것이다.

우리가 지향하는 다양성을 내포한 일체감, 보다 정확하게는 일체감과 다양성의 결합은 때때로 연구자와 통계학자를 혼란시키고 당황스럽게 만드는 수수께끼다. 이 수수께끼는 정치 영역에서뿐만 아니라 사회제도의 영역에서도 존재한다. 때때로 우리의 사회적 조직이나 집단은 브리튼 민족 전체 차원이나 특정 민족 단위로 또는 양자를 절충해 구성된다. 노동조합은 대체로 연합왕국 전체에 걸쳐 전국 단위로 조직된다. 교회 조직은 전체와 부분, 이중적인 조직을 동시에 운영하는 것으로 보인다. 가령 영국 국교(성공회 Anglican Church)는 어떤 의미에서는 영국 전체를 아우르지만 동시에 지역별로 독립적으로 조직된 네 개의 교회가 있다. 잉글랜드의 잉글랜드국교회Church of England, 웨일스의 '국교의 지위를 상실한

석조 건물로 본 영국의
역사
위: 웨일스 카나번(Carnar-
von) 성[폴 포퍼(Paul Pop-
per) 제공]
중간: 스코틀랜드 애든버러
성[던디(Dundee) 주민 밸
런타인(Valentine) 제공]
아래: 런던 화이트홀[밸런
타인 제공]

disestablished' 웨일스교회Church in Wales, 스코틀랜드성공회Episcopal Church in Scotland, 아일랜드의 '국교의 지위를 상실한' 아일랜드교회Church of Ireland(북아일랜드 지역과 함께 아일랜드 전역을 포함함)가 이들이다. 정말이지 연합왕국은 수수께끼의 나라가 아닐 수 없다!

수수께끼는 이에 그치지 않는다. 최근(1931년) 인구조사에 따르면 연합왕국의 인구는 4600만 명이 넘는다. 그중 3700만 명 이상이 잉글랜드에, 250만 명이 웨일스에 거주한다. 스코틀랜드의 인구는 약 500만 명이며 북아일랜드는 125만 명 남짓이다. 잉글랜드가 절대다수다. 잉글랜드의 한 카운티인 랭커셔가 스코틀랜드 전체보다 인구가 많은가 하면, 북아일랜드보다 인구가 많은 잉글랜드의 카운티가 여덟 개나 있다. 그러나 각 지역의 비중은 머릿수로 재는 것이 아니라 정신minds으로 가늠하는 것이다. 스코틀랜드인, 웨일스인, 아일랜드인의 정신은 잉글랜드인의 정신과 동일한 비중을 지닌다. 게다가 무엇이 잉글랜드인의 정신인지, 그 정체를 파악하는 일은 용이하지 않다. 흔히 스코틀랜드인의 열정perfervidum ingenium, 웨일스인의 불같은 성격, 북아일랜드인의 냉철한 분별력을 거론한다. 그러나 잉글랜드인은 간단하게 묘사할 수 없는 수수께끼다. 잉글랜드인은 퍼시 비시 셸리Percy Bysshe Shelly(1792~1822)나 윌리엄 블레이크처럼 순수 시인의 원형이다. 또한 토머스 홉스Thomas Hobbes(1588~1679)나 제레미 벤담Jeremy Bentham(1748~1832)처럼 경이로운 이성적 독창성의 대가일 수도 있다. 그런가 하면 구정물처럼 아둔한 바보의 이미지를 풍길 수도 있다. 꼭 집어내어 특징을 묘사하기는 힘들지만 풍자의 대상으로 삼기는 안성맞춤이다. 이는 세상천지가 인정하는 바다. 잉글랜드인 스스로 이 사실을 인정하고 펀치Punch[8]라는 캐릭터를 만들어냈다. 그러나 펀치 말고도 ≪더타임스The Times≫도 있다. 잉글랜드인이란 만화 속의 캐릭터인 동시에 현실 속의 인물이다. 그러니 누가 어떻게 한마디로 자신 있게 그 정의를 내릴 수가 있겠는가?

잉글랜드의 세부 지역

잉글랜드처럼 웨일스와 스코틀랜드도 세부 '지역region'으로 나뉜다. 그러나 잉글랜드의 압도적인 면적과 인구를 감안하면 잉글랜드에 한정해 세부 지역 문제를 논의해도 큰 무리가 없으리라 생각된다. 여기에서는 정부가 현재 진행 중인 전쟁[9]을 시작하며 민방위 목적으로 만든 단위와 같은 기술적·행정적 의미의 지역을 논하려는 것이 아니다.[10] 여기에서 지역이라 함은 행정공무원이 주

---

8   16세기 이탈리아 코미디 캐릭터 풀치넬라(Pulcinella)의 영국화된 캐릭터 펀치넬로(Punchinello)의 약칭으로 20세기 중반까지 인기 인형극 〈펀치와 주디(Punch and Judy)〉 등 다양한 변형으로 영국인의 일상에 널리 유포되었다 _ 옮긴이 주.

9   이 책에서 종종 언급되는 '현재 진행 중인 전쟁'이란 표현은 제2차 세계대전을 가리킨다. 이 책의 원서는 1942년에 출간되었다 _ 옮긴이 주.

도하는 것이 아니라 자연적으로 형성되어 동일한 삶의 패턴을 유지하며 일상 활동을 하는 잉글랜드인의 집단 거주지를 의미한다.

다른 나라들처럼 (이를테면 미국과 프랑스처럼) 잉글랜드도 자연스럽게 남북으로 나뉜다. 남북의 분기점은 트렌트Trent강이다. 잉글랜드 크리켓 대회도 이 기준에 따라 나뉜 남북 대항전으로 치른다. 보다 정확하게는 슈루즈베리의 세븐Severn at Shrewsbury에서 킹스린의 워시Wash at King's Lynn에 이르는 분기선이다. 강의 북쪽은 섬유, 석탄, 철강, 조선 등 오래된 '중공업' 중심지로 전쟁이 발발하기 전에는 대량 실업으로 침체된 지역이었다. 강의 남쪽과 중부 미들랜드Midlands 벨트 지역은 새롭게 번창하는 경공업 지역이다. 자동차와 인조 실크도 새로이 떠오르는 산업이고, 전원주택과 명문 사립학교와 유서 깊은 대학교의 소재지다. 북쪽 12개 카운티의 인구가 약 1700만 명인데 비해 중부와 남부 카운티(약 30개)는 모두 합쳐 2000만 명 남짓이다. 근래 들어 인구와 산업이 북에서 남으로 급격히 이동하고 있다. 잉글랜드가 당면한 새로운 문제 중 하나가 어떻게 북부 지방의 오랜 풍습을 계승하거나 새로이 활성화시

---

10 민방위의 목적으로 잉글랜드에 설립된 지역 사령관(regional commissioner)은 북부에 세 명, 중부에 네 명, 남부에 세 명으로 모두 10명에 달한다. 이는 기이하게도 1655년 올리버 크롬웰이 설치한 지역방위군을 연상시킨다. 크롬웰도 잉글랜드를 10개 주(canton)로 나누고 각 주의 수장을 소장(Major General) 계급의 군관(Bashaw)으로 임명했다 _ 지은이 주.

킬지 하는 것이다. 예로부터 존재해 온 북부와 남부 간의 격차가 18세기 산업혁명과 그 여파에 따라 더욱 심화되었다. 이는 경제와 경제적 삶의 차이일 뿐만 아니라 방언, 발음, 사회적 습관, 인성의 차이이기도 하다. 항간의 유행어가 이러한 차이를 극명하게 표현한다. 맨체스터Manchester 사람은 "오늘 랭커셔 사람이 생각하는 것을 내일이면 잉글랜드 전체가 따를 것이다"라고 믿는다. 이러한 믿음을 런던 사람들은 비웃는다. "랭커셔 사람이 오늘 생각하는 것은 나머지 잉글랜드 사람들이 그저께 생각하던 바로 그것이다."

과연 어느 쪽이 옳은지, 테니슨의 시 구절에 심판을 맡겨보자(테니슨 자신이 북부 출신이라는 사실을 충분히 감안하며 읽자).

빛나고 용감하고 변덕스러운 남부 사람,
과묵하고 진실하고 부드러운 북부 사람[11]

그러나 어떤 판정을 내리기 전에 추가로 고려해야 할 사항이 있다. 남부와 북부가 차이 나는 것과 마찬가지로 동부와 서부도 서로 차이가 있다. 남북보다는 덜 선명하고 미세하지만 분명히 차이는

---

11 테니슨의 시 *From the Princess: O Swallow*의 한 구절이다. "That bright and fierce and fickle is the South, And dark and true and tender is the North" _ 옮긴이 주.

존재한다. 서부 사람들이 문학적 기질이 강하다면 (일부 평론가들은 시작詩作을 서부의 전통으로 규정함) 동부 사람들은 신학과 과학에 소양이 깊다. 이러한 관찰은 순전한 환상에 불과할지도 모른다. 그럼에도 불구하고 그 환상은 필자의 뇌리 속에 깊이 자리 잡고 있다. 필자는 태어나 20년을 보낸 서부를 떠나 생애의 만년을 탁 트인 초원과 푸른 하늘이 아름다운 이스트 앵글리아East Anglia 지방에서 살고 있다. 현재 필자가 거주하는 지역이 올리버 크롬웰Oliver Cromwell(1599~1658)과 아이작 뉴턴 경Sir Isaac Newton(1642~1726)의 고향이라는 사실을 상기하지 않을 수 없다. 두 사람 모두 "낯선 사상의 바다를 홀로 항해했고", "별이 빛나는 밤에 행군했으며", "만고불변의 법칙을 정립한" 영웅들이다.[12]

17세기에 바다 너머의 아메리카 동부 해안에 뉴잉글랜드를 세운 개척자 무리의 출신지가 다름 아닌 동부 잉글랜드의 케임브리지 주변 지역이다. 보스턴을 비롯한 뉴잉글랜드 지역에는 아직도 동부 잉글랜드의 전통이 살아 있다. 찰스Charles 강둑에 선 하버드 대학교는 자신의 선조인 캠Cam강의 케임브리지에 경배를 드린다.

---

12 여기서 지은이는 윌리엄 워즈워스, 빈센트 반 고흐(Vincent van Gogh, 1853~1890), 토머스 S. 엘리엇(Thomas S. Eliot, 1888~1965)을 함께 인용하며 예술가의 삶을 칭송한다. "voyaging through strange seas of Thought, alone"(워즈워스), "and both of them men who saw marching at night, in the starry sky"(고흐), "The army of unalterable law"(엘리엇의 시 *Cousin Nancy*의 구절) _ 옮긴이 주.

잉글랜드의 또 다른 분리 현상은 도시와 농촌 사이의 간극이다. 잉글랜드에는 이미 무수한 '종양wens 모양'의 소도시들이 들어섰다. 인구의 80퍼센트가 도회지에 밀집해 살고 농촌인구는 20퍼센트에 불과하다. 게다가 도시인구의 3분의 1 가까이가 인구 25만 명 이상의 대도시에 몰려 있다. 이 수치는 도농都農이 절반씩 균형을 이루는 미국과 대조될 뿐더러 농촌인구가 도시를 능가하는 프랑스와는 확연한 차이를 드러낸다. 이 사실은 영국의 장래에 두 가지 과제를 안겨준다. 두 과제 중 수적으로는 작지만 해결은 더 어려운 난제는 대지와의 접촉을 잃은 다수의 도시 밀집 거주자들을 관리 가능한 세부 단위로 분산시키는 일이다. 수적으로는 크지만 상대적으로 해결이 덜 힘든 (그렇다고 해서 아주 쉽지만은 않은) 또 다른 문제는 상공업에 의존하는 도시 주민과 농업에 의존하는 농촌 주민 사이에 적정한 균형을 유지하는 일이다. 잉글랜드의 습도 높은 대기 등 기후 때문에 농작물 수확과 농업 증진은 결코 용이한 일이 아니다(밀은 몰라도 귀리, 보리, 호밀 재배는 매우 어려움). 반면에 자연스럽게 그리고 용이하게 녹색 목초지를 조성한다. 곡물 추수는 '우리 적성에 맞지 않는다goes against the grain'라는 속담이 실감난다. 그러나 정부가 오래전부터 추진해 왔고 근래 들어 더욱 강화한 정책은 농업과 다른 다양한 산업 간에 균형을 맞추어 자급자족경제 체제를 구축하는 일이다. 전쟁 전에 정부는 연간 4000만 파운드[13]라는 거액을 농업 보조금으로 지출했다. 이러한 정책은 국가 경제의 한 분야를 다른 분야의 희생 아래 육성한다는 비판을 받았다. 이러한 비판에 대해 과거에 정부는 농업의 희생 아래 다른 산업을 육성했었다는 반론이 가능할 것이다.

계급제도

어떤 사회든 그 사회의 근본 성격을 논할 때 맨 먼저 주목할 요소 중 하나가 그 사회를 구성하는 계급의 구조다. 전통적으로 잉글랜드에서는 (스코틀랜드와 웨일스는 지금까지도) 동질성을 지향해 왔다.

잉글랜드에는 유럽 대륙에서처럼 귀족과 평민 사이에 엄격한 구분이 수백 년 동안 존재하지 않았다. 600년 넘게 잉글랜드 귀족의 자제들은 장자를 제외하고는 평민 신분으로 강등되었고, 평민도 법률가나 사업가로 성공해 토지를 구입하고 '일가―家를 창립해' 새 귀족이 되어 상원에 세습의원 자리를 얻기도 했다. 동질적 사회를 지향하는 역사의 흐름은 1760년경부터 산업혁명으로 인해 역방향으로 흘렀다. 이와 흐름을 함께해 미국독립혁명의 불씨가 싹트기 시작했다(전혀 성격이 다르지만 영국과 미국이 동시에 혁명의 늪 속에 빠진 것은 기이한 일임). 혁명은 오랜 시일에 걸쳐 심대한 영향을 미쳤다. 미국인은 떠나온 모국의 상황을 기억했다. 그러나 이제 이

---

13 현재 가치로 환산하면 약 60억 파운드(한화 10조 원)에 해당한다 _ 옮긴이 주.

영국 노동자의 유형
왼쪽 위: 어부(키스톤 제공), 오른쪽 위: 농부(왕립저작국 제공)
왼쪽 아래: 사무직 노동자(폭스포토스 제공), 오른쪽 아래: 리벳공(센트럴프레스 제공)

웃이 된 영국은 옛날의 영국이 아니라 완전히 새로운 나라가 되어 있었다. 산업혁명에 따라 자본가와 산업 프롤레타리아가 분리되었다. 이는 여태까지 영국이 지향해 온 사회 통합이 후퇴한 것이다. 그러나 과거의 전통이 완전히 절멸한 것은 아니었다. 산업혁명이 초기 단계를 넘어서면서 엄격하고 투쟁적인 새로운 세력의 대립을 완화시키는 기류가 다시 조성되었다. 그리하여 오늘날 영국인의 삶에서 계급투쟁의 기미는 거의 보이지 않는다. 전쟁 중인 현재는 물론이고 평화 시에도 대부분 영국인은 계급투쟁을 의식하지 못한다. 우리 사회에 '육체노동자'라는 계급이 존재하는 것은 누구도 부정할 수 없는 엄연한 사실이다. 노동조합을 중핵으로 삼아 체계적으로 노동자 운동을 전개하고 자신들의 정당(노동당)을 설립해 최근(1935년) 선거에서 총 2200만 표 중 800만 표 넘게 득표한 계급 말이다. 노동자 운동 외에 다른 움직임도 있다. 그러나 노동자 운동에 적대적으로 대항하는 조직적인 사회운동은 거의 존재하지 않는다. 대중의 반응도 개별 사안에 따라 다르게 나타난다. 모든 색상은 서로 영향을 미친다. 세상살이에는 흑색과 백색만 있는 것이 아니라 양자가 섞인 회색도 있기 마련이다. 노동당에는 손발을 쓰는 노동자만 있는 것이 아니라 머리를 쓰는 노동자도 있다. 프롤레타리아에 더해 전문직 종사자와 귀족도 있다. 다른 한편으로 노동자라고 해서 모두 노동당원이 되는 것은 아니다. 다른 정당에 가입한 노동자도 수백만 명에 달한다. 또한 정치적 입장과 무관하

전시 산업의 영국 여성 노동자
위: 군수품 공장 노동자, 아래: 화훼 단지 노동자(왕립저작국 제공)

게 저축은행Savings Bank이나 건축조합Building Societies에 소액을 투자하거나 산업과 관련된 주식을 가진 사람도 있다.

이렇듯 들쭉날쭉하고 정형화하기 힘든 영국인의 삶의 양태는 여러 모습으로 드러난다. 잉글랜드의 교육을 예로 들어보자. 흔히 외국인에게 잉글랜드라는 나라는 양sheep과 염소goat로 대별되는 나라로 비칠지도 모른다. 소위 명문 퍼블릭스쿨public school[14](이름과는 달리 공립이 아니라 사립임)과 전통 깊은 기숙대학residential universities으로 상징되는 양의 세계와 공립학교state school와 대도시에 설립된 신생대학new universities으로 상징되는 염소의 세계로 준별하기 십상이다.

아직 교육의 불평등 현상이 존재하는 것은 사실이다. 타파되어야 할 불평등 중 최후의 적은 교육이라고 극언할 수도 있다. 그러나 이러한 교육 부문에도 빠른 변화가 일어나고 있다. 각종 장학금과 보조금 제도 덕분에 육체노동자의 자녀들이 공립 고교와 대학교육을 받고 신분 상승의 사다리를 탈 수 있게 되었다. 옥스퍼드 대학교와 케임브리지 대학교, 두 전통의 명문 학교는 학생의 절반가량이 장학제도의 수혜자다. 영국인의 일상에는 분열보다 통합의

---

14 퍼블릭스쿨이라는 표현은 여러 아동을 한군데 모아 함께 교육한다는 뜻에서 붙은 것이다. 이전에 귀족 가문의 자녀 교육은 개인 교습을 통해 이루어졌다 _ 옮긴이 주.

정신이 더욱 강하다. 대부분의 사람이 공통된 이익을 추구하는 시민 의식의 소유자로 서로 존중하고 서로 주고받는 자세로 일상을 영위한다. 상호 존중하고 협력하는 전통은 의회에도 확립되어 있다. 노동당 의원들은 기꺼이 다른 정당 의원들과 친분을 쌓고 의정 활동에 협력한다(다른 정당 의원들도 마찬가지임). 사실인즉 극단주의자들이 의회를 비롯한 국가기관을 비난하는 주된 이유가 바로 이러한 협업 의식 때문이다. 그들의 주장에 따르면 협업이라는 명분을 내세운 '상대방'이 급진주의자들이 가진 본래의 순수한 열정과 청렴성을 '집단의식esprit de corps'으로 오염시킨다는 것이다.

결론적으로 말해 영국에서 계급투쟁이 일어나거나 두 개의 나라로 분열될 조짐은 추호도 없다. 노동운동이 일어난다손 치더라도 전체 노동자가 참여하는 것이 아니고, 다른 계급이나 세력이 일사불란하게 결속해 운동의 저지에 나서지도 않는다. 부와 자원의 불평등한 분배가 존재한다면 '불평 속에' 기존의 분배 제도를 인내하며 점진적으로, 그리고 합의에 따라 개선하려는 민의가 존재한다. 그러나 현재 부의 분배 상태가 불평등하고 불균형적인 것은 사실이다. 수년 전 한 조사에 따르면 상위 5만 명이 안 되는 국민이 전체 국부의 40퍼센트 가까이 소유한 것으로 나타났다. 이 수치는 신빙성 있는 통계조사가 가능한 세계의 그 어느 나라보다도 불평등한 상태를 보여준다. 1894년 자유당Liberal Party 정부가 (균형)예산 제도를 도입한 것을 시발점으로 삼아 50년 가까이 불균형을 시정하기 위해 노력해 온 것이 사실이다. 정부는 자산 소유자에게 중과세를 부과하는 한편 빈곤층에게는 무상교육, 노령연금 등 공공사회서비스public social service 정책을 실시했다. 그러나 불평등한 상태는 지속되고 있고, 눈에 띄게 동질적인 사회를 지향해 온 나라가 눈에 띄게 경제적 불평등 상태에 빠진 것은 아이러니가 아닐 수 없다. 영국 빈곤층의 생활수준이 극도로 낮은 것은 결코 아니다. 단지 부유층의 생활수준이 극도로 높을 뿐이다. 이러한 불균형 때문에 빈곤층뿐만 아니라 사회 전체가 피해를 입는다. 부의 사적 축적이 공동체의 복지 증진을 위한 공동 자산인 공적 축적을 침해하게 되면 필연적으로 사회 전체의 빈곤으로 귀결되는 법이다.

교회 제도

영국의 종교적 삶에 어떤 공통 요소를 추출해 내는 것은 불가능에 가까운 일이다. 이 영역에서야말로 영국의 다민족국가 성격이 확연하게 드러난다. 스코틀랜드는 칼뱅교를 신봉하는 스코틀랜드 장로교회를 독자적으로 설립해 매년 실제의 의회에 해당하는 엄숙한 총회General Assembly를 개최하며 스코틀랜드의 정체성과 삶의 원칙을 표명한다. 스코틀랜드국교회Church of Scotland는 국가의 종교 교단이지만 완전한 자율을 누리는 독립기관이다. 국왕이 임명하는 판무관Lord High Commissioner이 총회에 참석할 때도 단지 상징적 의미에 머무를 뿐이다. 웨일스에는 유사한 지위의 국교회가 없다(연례 총회는 종교 집회라기보다는 웨일스의 전통문화Eisteddfod 축제bardic 성격이 더 강함). 그러나 칼뱅주의 감리교회Calvinistic Methodism(또는 장로교회로도 불림)를 표방하는 웨일스교회Church of Wales는 웨일스 지역의 자생 교회로 많은 신도를 확보하고 있으며 웨일스인의 삶에 200년 넘게 지대한 영향을 미치고 있다. 한때 잉글랜드 지역과 함께 설립되었던 (웨일스) 성공회는 1920년에 국교의 지위를 상실했기 때문에 웨일스 지역 안에서는 다른 교회와 대등한 자율교회에 불과하다.

아직 성공회는 (대영제국 중 오직) 잉글랜드 안에서는 (1942년 기준으로) 400년 넘게 보유해 온 잉글랜드국교회의 지위를 유지하고 있다.[15] 국교에는 여러 특권이 주어진다. 가령 대주교는 당연직 상원 의원 신분을 얻는다. 그러나 그 특권에는 제약이 따른다. 대주교 자신은 주교 임명에 관여하지 못하고 교회와 관련된 사건을 재판하지 못하며 예배와 의식을 통제하지 못한다. 잉글랜드국교회는 잉글랜드인의 사랑을 받는다. 그러나 그래 보았자 전체 잉글랜드 국민의 절반에도 못 미치는 사람들의 교회일 뿐이다. (인구의 6~7퍼센트인 로마가톨릭을 제외하고도) 국교와 동렬의 지위에 비국교연합Free Church과 비국교Non-Conformity(개신교)가 있다. 역사적으

---

15 'Church of England'의 머리글자를 모아 C.E.라고 불린다 _ 옮긴이 주.

로 영국의 비국교는 회중교회Congregationalist와 침례교회Baptist의 양대 그룹으로 나뉜다. 그 연원은 크롬웰 시대(17세기 중반), 심지어는 엘리자베스 시대(16세기 중·후반)까지 거슬러 올라간다. 감리교회Methodist Church와 웨슬리언Wesleyan은 18세기 중반까지 소급한다. 수적으로 보면 비국교도는 국교도에 뒤지지 않는다.[16] 그러나 상대적인 수적 우세와 무관하게 일반적으로 국교와 비국교의 관계는 소통과 균형을 유지하면서 지난 수백 년간 잉글랜드인의 삶을 이끌어왔다.[17]

19세기 초인 1828년에 종교심사법Test and Corporation Acts이 폐지될 때까지 국교도는 비국교도의 희생 아래 법적 우위를 누렸다. 국교도만이 온전한 시민으로서 권리를 누렸다. 비국교도는 중앙정부와 지방정부 운영에서 제외되었을 뿐만 아니라 고등교육의 기회까지 박탈당한 절름발이 시민에 불과했다. 이러한 차별 때문에 비국교도들은 결속해 국교도와 그 후원 세력인 정부에 대항하며

---

16 통계 방법과 조사 기관의 차이 때문에 정확한 신자 숫자를 계산하기는 매우 어렵다. 이 책의 제5장 181쪽의 각주를 참조 _ 지은이 주.

17 "무엇보다도 엘리자베스 여왕의 영국 국교(Anglicanism)의 확립을 국민화의 좋은 본보기로 들 수 있다. 프로테스탄트는 대륙적이고 가톨릭은 로마적이다. 이 두 교파를 절충해 중도파(via media)로 대영성공회를 창설한 것이다. 앵글리칸교는 여러 면에서 규정해 보아도 가장 영국적이라고 말할 수 있다." 김성식, 『김성식 정치평론: 쓴소리 곧은 소리』, 20~21쪽 _ 옮긴이 주.

시민적 자유, 종교의 자유, 개인의 자유로운 사상과 행동의 자유를 쟁취하기 위한 투쟁에 나섰다. 영국인이 '제한 정부limited state'를 선호하고 어떤 형태로든 전체주의를 혐오하는 것도 이러한 역사적 사실과 연관되어 있다. 국교도와 비국교도가 대립한 결과 잉글랜드는 계급이 아닌 신앙을 기준으로 두 개의 사회집단으로 갈라지게 되었다. 신앙 때문에 갈라진 불행이 계급 때문에 갈라지는 비극을 예방한, 일종의 항독소anti-toxin였다는 역설이 성립될 수 있을 것이다. 역사학자들은 정치혁명으로 치달을 뻔했던 대중의 열기가 18세기 말에 열정적인 감리교회의 탄생으로 분출구를 찾았다고 평가한다. 국교도와 비국교도는 서로 다른 삶의 패턴complexion을 추구했기에 그 차이만큼 사회적 분리 현상이 뒤따랐다. 국교는 젠트리(신사) 계급과 상류층에서 세력이 강하고, 비국교는 상인과 노동자 사이에서 영향력이 크다. 그러나 비국교도들이 상업적·산업적 부를 축적하면서 지주계급의 부와 어느 정도 균형을 이루었다. 비국교도들의 본성과 습관이 자본주의의 번성과 연관이 있다는 주장도 있다. 이러한 주장의 진위와 무관하게 비국교도에 대한 차별은 결코 프롤레타리아계급에 대한 박해가 아니었으며, 설령 종교 간의 간극이 있었다고 해도 부는 그러한 간극에 상관없이 양쪽에 골고루 분배되었다고 단언할 수 있다.

이러한 사실은 영국 정당의 강령과 활동의 기조에 영향을 미쳤다. 영국의 정당들은 본질적으로 종교에 바탕을 두고 설립되었다.

(1680~1830년 한 세기 반 동안 정치의 한 축을 이룬) 토리Tory당은 국교도가 절대다수를 점하고, (같은 기간 다른 축을 유지한) 휘그Whig 당은 비국교도가 주축이 되어 설립되었다. 종교 이슈가 정치의 주된 쟁점이 된 덕분에 영국은 계급에 기초한 정당의 출현을 방지할 수 있었다. 종교와 정당의 결합이 기여한 보다 중요한 긍정적 효과는 종교 문제를 정치의 전면에 부각시켰다는 점이다. 즉, 정치적 삶의 대종을 종교 문제로 삼음으로써 한편으로는 관용의 미덕을 배양하고, 다른 한편으로는 교육과 국가의 건설에 종교가 어떤 역할을 해야 하는지 고심하게 만든 것이다. 종교 문제야말로 영국 민주주의의 아버지라고 해도 무방할 것이다. 국가 차원에서 열린 토론의 상설 광장을 개설하고 정당들이 그 광장을 운영하게 만들었다. 비록 정당은 둘로 갈라졌지만 이들은 공유하는 개신교 신앙으로 뭉쳐 국가 정체성과 통일을 도모하는 민주 체제를 안정시켰다.[18] 종교 문제를 이해하는 것이야말로 영국 국민의 일상과 정치 세계의 핵심에 접근하는 지름길이다.[19]

------

18 "엘리자베스 시대에 성립한 앵글리카니즘은 대륙의 프로테스탄티즘과 로마가톨리시즘의 타협 종교였다. (……) 그 뒤 곧 퓨리터니즘이 생겨나서 앵글리카니즘의 독주를 막고 개인주의와 자유주의적인 종교 생활의 길을 열어놓았다. (……) 지금 영국은 앵글리카니즘과 자유교회(과거의 퓨리턴 교회)가 서로 협조해 기독교와 영국의 복지를 위해 노력하고 있다." 같은 책, 24~25쪽 _ 옮긴이 주.

19 이 책의 제5장 중 '영국사의 종교적 요인' 절(191쪽)을 참조 _ 지은이 주.

민간과 정부의 관계: 일반론

이제 종교 논의를 마감하고 보다 포괄적인 주제로 넘어가기로 하자. 즉, 역사적 발전 과정에서 종교의 차원을 넘어 국가권력과 정치제도, 양자가 어떤 관계에 서 있는지의 문제다. 이 질문에 답하려면 논리적으로 선행하는 또 다른 물음을 던져야만 한다. 즉, 그것은 민간society과 정부state의 상관관계다. 양자의 차이는 무엇이며 서로 어떻게 연결되는가? 영국의 정부 기관과 법치주의, 대의기관에 기반을 둔 책임정치와 자발적으로 조직된 민간단체가 자율적으로 운영하는 정치 행위는 구별될 수 있을 것이다. 정부 기관은 나라 전체를 대표하는 정부가 법에 기초한 집행을 담당한다. 반면에 민간은 자발적으로 조직되어 자율적 협동의 정신으로 운영된다. 민간단체의 숫자는 많고 종류도 다양하다. 비국교연합과 같은 종교 단체, 영국과학증진협회British Association for the Advancement of Science나 노동자교육협의회Worker's Educational Association와 같은 교육 단체, 노동조합과 같은 경제 단체, 정당과 같은 정치 단체처럼 자유롭게 결성되어 사적 클럽처럼 정부의 간섭을 받지 않고, 사회생활의 여러 영역에 걸쳐 자발적인 활동을 전개하는 단체도 있다. 민간이란 이러한 그룹과 단체를 총칭하는 개념이다. 동일한 구성원이 민간과 정부 기관의 성격을 동시에 가질 수 있다. 이를테면 자발적으로 구성해 자율적으로 활동하면 민간이 되고, 법적 규율 아래 활동하면 정부 기관의 성격을 띠게 되는 것이다. 양자의 이상은 합쳐서 단일한 법적 주체를 통해 구현된다.

이렇게 보면 문제의 핵심은 간명하다. 즉, 영국의 정의 시스템은 도대체 어떤 주제와 범위를 기준으로 민간의 사적 영역과 정부의 공적 영역에 배분하는지다. 이 질문에 대한 답 역시 간명하다. 지난 여러 세기 동안 지리적·역사적 원인이 복합되게 작동해 국민 생활의 중요한 부분을 민간 영역에 맡긴 것이다. 사방으로 열린 변경을 가진 나라, 외적의 침입 위험이 상존하는 섬나라라는 지리적 특성 때문에 영국인은 자신들의 집과 농장을 방어하는 임무를 국가에 일임할 수 없었다. 또한 종교 생활에서 국가로부터의 독립을 추구해 온 비국교도는 독자적인 삶의 전통을 세웠다. 게다가 지방 젠트리 계급은 중앙정부와는 다른 관점에서 지역의 공적 삶을 챙겨왔다. 또한 시대의 변화에 따라 새로 부상한 상인·산업자본가 계급은 독자적인 고용주로서 지역 경제의 운영에 기여해 왔다.[20] 그런가 하면 노동자들도 자신들의 이익을 증진시키기 위해 자발적으로 결속해 조직을 만들었다. 이러한 상황을 종합해 존 스튜어트

---

20 "'개인은 사회(society)보다 중요하고 사회는 국가(state)보다 중요하다'라는 말을 영국인은 자주 하고 있다. (……) 사회가 국가보다 중요하다는 데 대해서는 지리적 또는 역사적으로 다음과 같은 이유를 들어 설명할 수 있으리라." 김성식, 「3C정신의 정치풍토: 영국정당정치의 사회적배경」, ≪사상계≫, 1964년 10월호, 66~77쪽 _ 옮긴이 주.

밀John Stewart Mill(1806~1873)이 그의 『자서전Autobiography』(1873)에서 설파했듯이 영국에서 정부의 내부적 기능의 '9할'은 정부로부터 독립한 대리인이 수행한다. 이러한 전통은 오래전부터 이어져왔다. 17세기에 (신대륙의) 매사추세츠와 버지니아에 영국 식민지를 건설한 주체는 영국 정부가 아니라 종교 단체와 상업 회사였다.

이렇듯 복합된 연유 때문에 영국에는 민간의 영역을 최대한으로 확대·유지하려는 전통이 확고하게 서 있다. 영국은 자발적이고도 자율적인 교회 제도를 국민 생활의 중요한 요소로 인식했고, 교육 또한 자율적인 사적 기관이 맡을 역할로 알고 있었다(국가가 운영하는 공립학교가 등장한 것은 1870년대의 일임). 자율적인 민간 병원, 자발적으로 설립된 노동조합 등 영국 국민이 찬양하는 기관은 근본적으로 자유와 자율의 정신이 충만한 단체다. 그런가 하면 밀의 저술이 출간된 이후 70여 년간 정부의 역할이 현저하게 증대되었다. 그러나 이러한 정부의 역할 증대는 민간 차원의 자발적인 협조 아래 이루어졌음을 유념해야 한다. 정부의 역할이 늘어난 이유로 크게 두 가지를 들 수 있다. 첫째, 이 기간 동안 정부의 성격이 훨씬 민주화되었다. 참정권이 최대한으로 확대된 선거를 통해 구성된 정부는 과거 귀족 사회의 정부와는 달리 강력한 저항을 받지 않고 많은 일을 성취할 수 있다. 둘째, 현대 생활, 특히 경제와 교육 분야에서 발생하는 문제가 너무나 복잡다기하기에 국가가 직접 해결책을 제시할 필요성이 강화되었다. 이러한 시대적 요구에 부응하기 위해 자율적 사립학교에 더해 공립학교 제도를 도입했고, 노동조합의 자율적 부조에 더해 정부 차원의 노동자 복지 서비스 제도(연금, 건강보험, 실업보험 등)를 도입했다. 사회적 자유social freedom라는 우리의 유구한 전통에 상응하는 자유경제 제도를 탈피해 상업에 대한 국가 규제의 범위를 확대하기도 했다.

그러나 이러한 정부 역할의 현저한 증대에도 불구하고 영국의 유구한 전통인 사적 단체의 자유로운 활동은 전혀 위축되지 않았다. 정부와 민간, 두 영역의 사회적 행위는 서로 협력하며 새로운 형태의 균형 잡힌 협치 제도를 구축했다. 정부가 민간을 따라잡았지만 정부와 민간은 손잡고 동행의 길에 나선 것이다. 1910년 시드니 웨브Sidney Webb(패스필드 남작1st Baron Passfield, 1859~1947)[21]가 내린 진단은 지금도 여전히 유효하다. "자발적인 민간단체와 정부의 행위는 함께 보조를 맞추어 나아간다. 한쪽이 영감을 불어넣으며 다른 한쪽을 이끌어 끊임없는 발전을 이룩해 나간다."

---

21 아내 비어트리스 웨브(Beatrice Webb, 1858~1943)와 함께 페이비언협회(Fabian Society)의 창립을 주도했다. 인용된 문구는 부부의 공동 저술인 *The enlarged sphere of voluntary agencies in the prevention of destitution*(1916)의 한 구절로 보인다 _ 옮긴이 주.

제2장

—

영국 의회주의의 천재성

영국 정치 기관의 보편적 구조

베르길리우스Vergilius(B.C.70~B.C.19)의 「아에네이드Aeneid」에는 그리스인이 예술과 조각, 웅변과 천문학의 천재인 반면 로마인은 법률과 정치 등 실용적 기술에 능했다는 유명한 구절이 있다. 그러나 실제 생활에서는 어느 나라 국민이나 실용적 기술과 예술적·과학적 재능을 함께 개발하고 모든 분야에서 빛나는 성과를 거두기를 욕망한다. 영국인은 시에도, 과학적 탐구와 발명에도 재능이 없는 것은 결코 아니다. 그러나 세계적 기준으로 볼 때 경제학이나 정치학과 같은 실용 학문에서 더욱 빛난다는 것을 솔직히 고백할수밖에 없다. 두 분야 중에서 경제학의 성과도 상당하지만, 그보다도 현실 정치 기법의 문명화에 더욱 큰 공적을 남겼다. 영국인의 실천적 지혜가 성공한 사례로 두 가지를 들 수 있다. 첫째, 영어 상용권인 모든 나라에 공통된 법체계인 코먼로의 발전이다. 코먼로는 로마법에서 유래한 대륙법 체계와 더불어 세계를 양분한다. 둘째, 대의기관에 기초한 책임 정부라는 정부 운영의 모델을 만들어 근대 민주주의의 토대로 제공한 점이다. 그리하여 영국의 특성은 (논의 순서를 바꾸어) 의회주권Parliamentary Sovereignty과 법의 지배 Rule of Law, 두 가지로 압축된다.[1]

의회주권이란 의회의 양원, 특히 평민원으로 불리는 선출된 하원이 국내문제(통상적인 법률문제는 물론이고 헌법 문제까지 포함함)와 모든 대외 정책에 관한 최종 결정권을 보유한다는 의미다.

법의 지배란 모든 영국 인민은 타인이나 정부에 의해 자신의 권리가 침해받지 않도록 일반 법원에 의한 보호를 받을 권리를 가진다는 의미다. 즉, 사전에 제정되고 공표된 법에 의거한 공개 변론을 거친 법원의 판결 없이는 벌금, 징역, 기타 강제처분을 받지 않는다. 영토 내에서 발생한 모든 사건에 대해 동일한 법과 동일한 법원 조직의 지배를 받는다.[2]

---

1   앨버트 벤 다이시(Albert Venn Dicey), 『헌법학 입문(Introduction to the Study of Law of the Constitution)』, 안경환·김종철 옮김[1993(1915), 경세원], 2~281쪽 _ 옮긴이 주.

2   이런 대원칙에 약간의 예외가 있는 것은 사실이다. 잉글랜드국교회의 성직자는 일반인과는 다른 윤리 강령의 적용을 받고, 이러한 윤리 강령의 적용은 특별히

의회주권은 일반 시민의 여론에 바탕을 두기에 여론을 충실하게 대변하는 것이 곧바로 정치적 자유를 보장하는 길이다. 법의 지배란 모든 시민을 차별하지 않고 보호하는 것, 즉 시민적 자유를 보장하는 원리다. 영국의 국가 근간이 되는 양대 기관은 웨스트민스터Westminster의 의회와 스트랜드Strand가의 법원이다. 이 두 기관은 병렬적 지위에 있을 뿐만 아니라 서로 연관을 맺고 상호 의존적이다. 판사들은 유일한 법의 제정자(법원 스스로 만드는 '판례법case law'을 제외하고)인 의회의 주권에 복종한다. 다른 한편으로 의회는 법의 지배의 원리를 지지하고, 의회가 제정한 법률과 기타 법을 해석할 독점적인 권한을 보유한 법원의 권위를 존중하고 보호한다.[3]

이 장에서는 의회주권 문제를 집중적으로 논의한다(별도의 주제인 법의 지배에 대해서는 제4장에서 다룸). 앞서 말한 의회주권의 원리는 세 가지 요소를 포함한다. 이 요소들은 영국의 본질적 색깔과 성격을 퇴색시키지 않으면서도 의회주권의 핵심을 유지시킨다.

설립된 교회법원의 관할 사항이다. 군인은 매년 개정되는 국방법(Army Act)에 따라 규율 유지를 위해 복무 중의 범죄행위에 대해 군사법원의 재판을 받는다. 그러나 잉글랜드국교회의 성직자와 군인도 코먼로와 일반 법원의 관할 아래 있고, 교회 관련 사건의 최종심은 추밀원의 사법위원회가 담당한다 _ 지은이 주.

3   그러나 최근 들어 의회의 위임에 따라 행정부는 첫째, 행정명령이나 규칙(rules or orders)의 형식으로 법률을 보충할 권한을 부여받았을 뿐만 아니라 둘째, (특히 사회 개혁 정책과 관련된) 법률의 의미를 해석할 행정 분쟁의 조정권을 위임받았다 _ 지은이 주.

첫째, 이 원리는 내각의 권한과 리더십, 그리고 책임과 결합되어 있다. 내각이란 의회의 리더이자 충직한 시종으로 의회의 핵심 요소가 되는 행정조직을 의미한다. 이 점에서 영국의 의회민주주의는 프랑스 제3공화국[4]의 예에서 보는 대륙의 제도와는 판이하게 다르다. 프랑스에서는 의회(양원)가 내각을 압도했다. 프랑스 의회는 4년 임기 동안 사실상 해산될 위험 없이 상시 개원했다. 의회는 필요하면 내각을 해산하고 새로 구성할 권한을 보유했다. 그리하여 70년 동안 무려 90개의 내각이 명멸했다. 같은 기간 영국의 내각은 18번 구성되었을 뿐이다. 프랑스 의회는 상임위원회 제도를 운영하는데, 이를 내각을 견제하는 일종의 반反내각으로 활용했다. 위원회는 재정지출을 통제했을 뿐만 아니라 심지어 위원회에 소속된 의원은 단독으로 예산의 배정appropriation을 발의할 수 있었다. 영국의 제도는 이 모든 점에서 다르다. 두 나라 제도의 차이를 이해하는 것이 매우 중요하다. 영국에서 내각은 의회의 법정임기인 5년이 만료되기 전에라도 필요한 경우 의회를 해산할 것을 국왕에게 권고할 수 있다. 내각의 수명은 안정적으로 길어서 지속적인 정책의 추진이 가능하다. 내각은 후술하는 것처럼 조직적인

---

4 존속 기간은 1870~1940년이다. 1940년 독일군의 프랑스 점령과 비시 정부의 수립으로 사실상 종료했으나, 법적으로 제3공화국 헌법은 1945년 10월까지 존속했다 _ 옮긴이 주.

야당의 견제를 받지만, 의회의 상임위원회Standing Committee of the House의 강력한 견제를 받지는 않는다. 앤 여왕Queen Anne 시절이던 1713년부터 내각 구성원은 예산 배정 발의권을 보유한다. 이렇듯 영국의 내각은 권한과 권위를 함께 구비한 기관이다. 그러나 내각의 권한과 권위는 의회주권의 원칙을 제약하지만 이를 결코 약화시키지는 않는다. 따지고 보면 내각은 의회의 신임을 받아 의회주권을 행사하는 대리인일 뿐이다. 내각의 손과 의회의 손은 엇박자를 내는 것이 아니라 서로 맞잡고 있는 것이다.

이 책의 '지은이의 말'에서 인용한 "두 사람이 함께 길을 가노라면 둘 중 하나가 동행보다 앞서 뭔가를 보게 되는" 호머의 잠언이 영국에서 의회와 내각의 관계를 적절하게 묘사한다.

둘째, 중앙정부 차원의 의회는 카운티와 타운town에서 선출된 지방 차원의 기관들과 제도와 절차에 있어서 공조 체제를 이룬다. 영국에는 중앙정부 차원의 의회와 별도로 카운티와 자치군borough (또는 시city) 의회가 구성되어 있다. 이들 지방의회는 지방세rates를 부과하고, 지방공무원을 임명해 통제하며, (중앙) 의회가 인정한 광범한 영역에 걸쳐 지방 문제에 관한 정책을 수립하고 집행한다. 그리하여 영국의 자유는 중앙정부와 자치적으로 구성된 지방정부 간의 평등을 확보하는 조치를 요구하게 된다. 의회가 교부금grants-in-aid을 지급해 지방정부의 세입을 보충한다. 그리하여 중앙공무원은 중앙정부의 대리인 자격으로 교부금이 적정하게 집행되는지를 감시하고 비판하며 통제할 권한을 보유한다. 그러나 이러한 권한 행사는 중앙정부와 지방정부 중 어느 한쪽이 다른 쪽을 지배하는 것이 아니라 두 기관의 공조를 통해 이루어진다. 영국에는 프랑스의 지방관préfets처럼 지방에서 상근하는 중앙정부 공무원이 존재하지 않는다. 기껏해야 런던의 공무원이 지방의 담당자와 함께 예산 집행과 정책을 놓고 토의해 문제점을 지적하는 수준에 그칠 뿐이다. 반대의 경우도 마찬가지다. 지방정부의 장관이나 공무원은 중앙정부의 책임자나 공무원과 함께 예산과 정책 문제를 협의한다. 한마디로 말해 통제와 복종이 아니라 상호 협력과 공조가 영국 행정의 기본 방식이다.

셋째, 마지막으로 거듭 강조할 것은 의회주권과 지방정부의 자율적 권한 문제가 제기되는 것은 공적 영역에 한정되며, 광범한 영역에 걸쳐 자율적 민간 기관의 행위를 통해 의회주권의 정신이 구현된다는 사실이다. 다시 말해 공적 영역에서 중앙의 의회주권과 지방자치 정부의 역할이 있듯이, 민간 차원의 역할 또한 엄연히 존재한다는 점을 유념해야 한다. 영국의 정치·행정 제도는 중앙과 지방 정부 기관에 더해, 이들과 더불어 광범한 영역에 걸쳐 민간 차원의 역할을 전제로 하고 있다. 한 예를 들자면 대학은 자율적 기관이다. 자유로운 노동조합 또한 우리 일상에 중요한 기관으로 공인되었다. 한마디로 정부는 신뢰할 수 있는 민주적인 제도다. 그러나 정부가 능사가 아니다. 아무리 민주적인 정부라도 정부만으로는 시민의 자유를 보장하기에 충분하지 않다.

의회와 내각의 상관관계

역사적으로 의회는 국왕을 상대로 주권을 쟁취하고 이를 수호하기 위한 투쟁을 전개해 왔다. 그 투쟁의 결과가 17세기에 판가름이 났고 18세기에 들어 의회주권은 공고해졌다. 이는 세 차례의 기념비적 사건이 누적된 결과였다. 첫 번째 사건은 1660년 찰스 2세 Charles II(재위 1660~1685)가 의회와 협력할 것을 조건으로 부과한 의회의 결의로 국왕에 취임한 왕정복고다(1660년 복고된 것은 왕정이 아니라 의회라는 주장도 설득력이 있음). 두 번째 사건은 의회와 협력하기를 거부한 제임스 2세James II(재위 1685~1688)가 폐위된('폐위되었다abdigated'는 피동태 동사가 이 사건의 성격을 적절하게 묘사함) 1688년의 명예혁명과 그 결과로 1689년 권리장전Bill of Rights이 탄생한 일이다. 이 문서에 따라 의회는 누가 그리고 어떤 조건 아래 국왕이 되어 통치할지를 결정할 권한을 쟁취하게 되었다. 세 번째 사건은 1783년 소小피트The Younger Pitt[5]가 수상에 취임하며 일어

---

5   윌리엄 피트(William Pitt the Younger, 1759~1806). 토리당 정치인으로 1783년 약관 24세에 수상이 되어 1801년까지 재직했다. 1804년 다시 수상에 취임했다가 1806년 현직에서 사망했다. 휘그당 지도자로 수상(재임 1766~1768)을 지낸 같은 이름의 아버지 '대피트'(William Pitt the Elder, 1st Earl of Chatham, 1708~

난 일련의 사건들이다. 이때 들어서야 비로소 내각 제도가 확립되었다고 할 수 있다. 이제 더는 국왕은 의회가 선임한 장관을 자의적으로 해임할 수 없게 되었다. 이때부터 실질적으로 장관을 임명하고 해임하는 일은 명목상의 임면권을 보유한 국왕이 아니라 의회의 몫이라는 사실이 공인된 것이다.

국왕을 상대로 권력투쟁에서 승리한 의회는 압도적으로 귀족적 색채를 띠었다. 비록 법적으로는 평민원(하원)의 권한이 결코 약하지 않았지만 실권은 대체로 귀족원(상원)의 몫이었다. 귀족원은 강한 인적 유대와 지역사회에서의 영향력을 이용해 평민원을 좌지우지했다. 1832년 정치개혁법Reform Bill 1832을 시작으로 19세기 내내 이어진 평민원 개혁은 기관의 성격을 민주적으로 바꾸었을 뿐만 아니라 평민원과 귀족원의 관계도 크게 변화시켰다. 그동안 양원이 힘을 합쳐 국왕을 상대로 투쟁하느라고 미루어졌던 둘 간의 권력투쟁이 20세기 초에 들어 본격적으로 벌어진 것이다. 그러나 두 기관 간의 쟁투는 신속하고도 간명하게 결말이 났다. 1911년 의회법Parliament Act 1911[6]의 제정으로 평민원의 승리가 확정된 것

1778)와 구분해 '소피트'로 불린다 _ 옮긴이 주.

6   의회의 양대 기관으로서 하원과 상원의 상관관계를 규정해 하원 우위의 원칙을 확립한 법이다. 후일 1949년 의회법(Parliament Act 1949)으로 개정·통합되었다 _ 옮긴이 주.

이다. 이 법의 제정으로 평민원은 세 가지 권한을 획득하며 주권의 최종적 담지자로 공인받았다. 첫째, 평민원 단독으로 예산통제권을 행사한다. 둘째, 평민원 단독으로 내각을 통제한다. 셋째, 귀족원의 동의 없이 평민원 단독으로 연속 3회기에 걸친 표결로 법률을 제정할 권한을 보유한다.

이처럼 1911년 의회법에 따라 귀족원의 권한은 대폭 축소되었고, 결과적으로 의회는 단원제와 유사한 성격을 띠게 되었다. 그러나 이 법에는 귀족원의 구성 원칙이 확정되지 않았다[법의 전문前文, Preamble에 제2원second chamber(귀족원)을 대중의 기반 아래popular basis 재구성한다는 구절이 담겨 있기는 함]. 귀족원은 오늘날까지 수백 년 동안 이어져 온 전통대로 선조가 차지한 의원 자리를 후손이 승계하는 세습 귀족의 집합체가 되는 셈이다. 간혹 천재성을 유전받은 사람이 있을지도 모른다. 그러나 모두가 그럴 수는 없는 법이다. 이러한 전통대로라면 귀족원은 다수, 대규모 천재의 집합체인 셈이다. 1942년 기준으로 귀족원 총원은 781명이다. 스코틀랜드와 아일랜드에서 동료 귀족에 의해 각각 선출된 16명(의회 회기 동안)과 13명(종신)에 26명의 대주교와 주교, 7명의 법경法卿, Law Lords을 제외하면 약 720명의 세습의원이 존재한다.[7] 대부분의 세습 귀

---

7   한때는 아일랜드 귀족을 제외하고 모든 세습 귀족이 귀족원(House of Lords 또는 House of Peers)의 의원 자격을 보유했다. 그러나 1999년 귀족원법(House of

족이 같은 정당, 즉 보수당 소속이다. 그리하여 제2원은 사실상 영구적인 보수당 기관이 되었다. 그러나 이런 상황을 해결할 방법은 마땅치 않고 오랜 시일에 걸쳐 미결 과제로 남을 것 같다. 약 20년 전에 귀족원의 정원을 지금의 절반 이하인 350명으로 줄이고, 그 중 절반은 임기 12년으로 하고 동료 귀족이 선출하며 나머지 절반은 종신직 지역대표로 해서 평민원이 선출하거나 국왕이(실제로는 수상과 내각이) 임명하도록 하는 개혁안이 제시된 적이 있었다. 실행에 옮기지 못한 이 제안은 오늘날에도 여전히 숙고할 만한 가치가 충분하지만 귀족원은 지금의 상태로 계속 이어질 가능성이 농후하다. 다만 점차 권한이 축소되어 오직 품위만 유지하는 상징적인 기관으로 잔존할 것이 분명하다. 그리하여 진정으로 자격을 갖춘 의원만이 출석해 표결하고, 이들 의원이 귀족원의 권한을 신중하게 자제하며 행사하는, 두 가지 전제 조건 아래 운영될 것으로 예측된다.[8]

Lords Act 1999)이 제정되면서 세습의원의 정수는 92명으로 상한이 정해졌다. 하원의 정수는 확정되어 있으나 상원의 정수는 유동적이다 _ 옮긴이 주.

8   근래 들어 특히 전쟁 수행 과정에서 상원의 위상이 지속적으로 제고되었다. 입법과 행정 경험을 갖춘 많은 하원 의원이 상원 의원으로 진출했다. 이들은 상원의 토론 과정에 괄목할 만하게 기여했고 그 결과 이제는 많은 언론이 상원의 의사 진행 과정을 취재하고 기록을 점검한다. 주목할 만한 것은 1937년 내각구성법(Ministers of Crown Act 1937)에 따라 장관의 일정 수(장관 17명 중 세 명 이상)는 반드시 상원 의원 가운데 임명해야 한다는 것이다. 현재는 [로드 챈슬러

영국의 의회민주주의에서 하원이 차지하는 비중은 다른 요소들 (특히 내각의 성격)과 연관해서 살펴볼 필요가 있다. 하원은 총원이 615명인데, 이 중 492명은 잉글랜드, 74명은 스코틀랜드, 36명은 웨일스, 13명은 북아일랜드 선거구에서 선출한다. 615명의 의원 은 대체로 선거구당 한 명씩 선출하나 예외적으로 10개 자치군 선 거구와 세 개 대학 선거구는 두 명을 선출한다. 이에 더해 세 명의 의원이 배정된 대학 선거구가 하나 있다. 비례대표제를 운용하는 대학 선거구를 제외하면 모든 선거구가 단기 비이양식Single Non-Transferable[9] 투표에 따른 1선거구 1인 선출제를 채택한다.

이러한 선거제도는 종래의 양당 제도 아래서는 별다른 문제가 없었다. 그러나 1900년 이래 일반화된 3당 체제(보수당, 자유당, 노동당) 아래서는 대표성의 불평등 논쟁을 유발했다. 1선거구 1인 선출제 아래서는 수적으로 열세인 정당이 결정적으로 불리하다. 예컨대 1929년 선거에서 자유당은 거의 550만 표를 득표했지만 의석은 고작 59석을 얻었다. 반면에 850만 표를 겨우 넘긴 보수당이

(Lord Chancellor)에 더해] 식민부 장관(Minister of Colonies)과 경제복지부 장관(Minister of Food, Economic Warfare, War Transport, Works and Buildings) 이 있다. 이들은 모두 상원 의원들이다 _ 지은이 주.

9   '단기'란 유권자가 후보들 중 한 명을 선택해 투표한다는 뜻이다. '비이양식'이란 투표용지에서 후보 한 명에게만 기표하고 그 밖의 후보들에 대한 선호 순위는 표시하지 않는다는 뜻이다 _ 옮긴이 주.

260석, 그보다도 적게 득표한 노동당이 288석을 얻었다. 당연히 자유당은 한 선거구에서 복수의 당선자를 배출하는 비례대표제의 도입을 주장했다. 그러나 절대다수의 의석을 차지한 나머지 두 정당은 현재의 제도에 만족한다. 이들의 논리인즉, 1선거구 1인 선출제 아래서는 의원과 주민 간의 지속적인 접촉을 통해 선거 결과의 비정상과 불균형을 시정할 수 있다는 것이다. 하원 선거제도를 논할 때 숫자보다 중요한 것은 영국 의회민주주의에서 하원의 일반적인 지위와 성격이다. 영국 의회민주주의는 '토론에 의한 정부'로 정의할 수 있다. 의회parliament라는 단어는 '토론하다parley'라는 의미를 가진 단어에서 유래했다.[10] 토론 정치는 네 개의 요소 내지는 기관에 의해 작동한다. 첫 번째 기관은 정당이다. 하나가 아닌 최소한 두 개 이상의 정당이 토론 의제를 설정하고 유권자들이 투표를 통해 결정하게 함으로써 토론 정치에 기여한다.[11] 두 번째 기관은 유권자다. 유권자는 정당의 내부 경선이나 선거에 입후보한 정

---

10 "영국 의회는 타협의 광장이다. 날치기 통과나 축출이나 공포가 있을 수 없는 것이다. 그러니까 드룸의 말과 같이 성전환을 빼고 무엇이나 만들 수 있는 곳이 국회였던 것이다." 김성식, 『김성식 정치평론: 쓴소리 곧은 소리』, 37쪽 _ 옮긴이 주.

11 Jongcheol Kim, 'Chapter 2. Modern British Democracy and Political Parties: Liberal Ideal, Pluralistic Reality,' "Constitutionalising Political Parties in Britain" (Ph.D. Dissertation, London School of Economics and Political Science, 1998) _ 옮긴이 주.

당의 후보들 중에 토론을 거쳐 특정 후보를 과반수의 투표로 선택함으로써 토론 정치에 기여한다. 의회민주주의의 세 번째 기관은 의회 자체, 그중에서도 하원이다. 하원은 두 가지 방식으로 토론 정치에 기여한다. 우선 원내 각 정당의 구성원들 간의 토론을 통해서, 그리고 제1당의 대표자가 내각을 구성해 토론을 주도적으로 진행할 수 있게 한다. 네 번째 기관은 내각이다. 내각은 의회의 토론을 주도할 뿐만 아니라 내각의 내부 토론을 통해 의회가 결정해야 할 정책과 입법의 방향과 내용을 사전에 조율함으로써 의회의 효과적인 토론을 뒷받침한다. 이러한 관점에서 내각은 토론 정치의 최고 정점 기관이라고 말할 수 있다. 내각의 결정 이후에 남은 과정은 의회의 승인과 정책에 대한 국내외 여론에 따른 정치적인 평가뿐이다.

지금까지 영국 의회정치의 핵심 요소들을 살펴보았다. 이제 네 요소 중 하나인 (그중에서도 가장 중요한) 하원의 지위와 나머지 세 요소와의 상관관계에 대해 살펴보자. 이 관계의 본질적인 성격은 무엇인가? 그 물음에 대한 답은 한편으로는 이 관계에 선행하고, 심지어 어떤 의미에서는 이 관계를 창조한다고도 할 수 있는 정당과 유권자의 관계의 성격이다. 또 한편으로는 이 관계에 선행해 창조할 뿐만 아니라, 어떤 의미에서는 오히려 선행자이자 창조자를 인도한다고 말할 수 있는 내각과의 관계가 어떠한지의 문제를 살펴야 한다.

한 걸음 더 나아가 영국의 정당 제도의 특징을 살펴보자. 맨 먼저 정당과 의회의 관계다. 영국의 정당은 의회 안 그들의 대표자, 특히 그들의 지도자들의 통제를 받는 기관이다. 영국에는 의회 밖의 기관을 통해 의회 안의 정당 활동을 통제하는 제도가 없다. 의회 내 대표자의 경우는 더욱 그렇다. 한마디로 말해서 정당은 원내 대표자의 행위를 통제하는 하원 밖의 기관이 아니라 정반대로 하원 안의 기관이다. 바로 이 사실이야말로 영국의 정치제도를 이해하는 첫걸음이다. 70~80년 전에 자유당의 조지프 체임벌린Joseph Chamberlain(1836~1914)[12]과 보수당의 랜돌프 처칠 경Lord Randolph Churchill(1849~1895)[13]이 원내 대표자에 대한 통제권을 보유하는 원외 기구를 만들려고 시도했다. 그러나 양당의 원내 세력은 이러한 시도를 봉쇄하고 기존 체제를 방어하는 데 성공했다. 비교적 역사가 짧은 정당인 노동당은 장래 향방을 결정해야만 한다. 다른 두 정당에 비해 노동당은 원외 노동단체의 세력이 원내 대표자보다 강하다. 그러나 머지않아 노동당도 다른 두 정당의 선례를 따를 것으

---

12 초기에는 급진적인 자유당원이었으나 후일 자유당을 나와 자유연합당(Liberal Unionist Party)을 만들며 보수당과 연정하는 등 제국주의자로 변신했다. 수상에 오르지는 못했으나 당내에서 가장 영향력 있는 정치인이라는 평판을 얻었다. 아들이 60대 수상을 지낸 네빌 체임벌린(Neville Chamberlain, 1869~1940)이다 _ 옮긴이 주.

13 영국의 정치가다. 아들이 61·63대 수상인 윈스턴 처칠이다 _ 옮긴이 주.

로 예측된다. 이렇게 보면 일반적으로 말하자면 하원은 매우 자유롭고 (당 지도자들을 통해) 의사당 벽 너머에 있는 당 조직보다 우위에 선다.

하원과 유권자의 관계에서도 영국의 '자유'의 특성을 확인할 수 있고, 이를 하원의 주권이라고 불러도 무방할 것이다. 유권자가 선출된 대표자를 강제하거나 확약을 받을 수 있는 제도적 장치는 없다. 영국에는 주민 투표referendum나 이와 유사한 유권자의 권리가 없다. 의원 자신은 선출된 선거구의 유권자로부터 매우 자유롭다. 지역의 이해관계로부터는 더욱 자유롭다. 앞서 살펴본 것처럼 의원은 지역의 이익을 위한 예산 배정을 제안할 권한을 보유하지 않기에 지역사회의 압력으로부터 자유롭다. 개별 의원이 지역사회로부터 자유로울 뿐만 아니라(지역단체의 모금에 협조하라는 압력을 제외하고) 모든 의원은 지역구의 대표자인 동시에 국민 전체의 대표자다. 이 원칙은 엘리자베스 1세Elizabeth I(재위 1558~1603) 무렵 이미 전통으로 확립된 법리다. 1571년 (영국의 법률가) 토머스 노턴 Thomas Norton(1532~1584)이 주장한 것처럼 "특정 개인이나 지역이 아니라 왕국 전체에 대한 봉사자"다. 이 원칙은 1774년 에드먼드 버크Edmund Burke(1729~1797)[14]가 재천명했다. 브리스틀Bristol 지

---

14 "영국의 보수당 의원 에드먼드 버크는 인도 총독 워런 헤이스팅스의 실정을 9일 간이나 탄핵을 퍼부어 면직시킨 일이 있었다. 또 아메리카에 대한 영제국의 식

역구에서 선출된 버크는 지역 주민에게 이렇게 말했다. "여러분은 의회에 보낼 대표자를 선택했습니다. 그러나 저는 브리스틀의 일원이 아니라 영국 의회의 구성원입니다." 지난 수백 년에 걸쳐 의원이 선출된 지역구의 거주자여야 한다는 규정이나 관습은 없다. 물론 모든 의원은 지역구에서 당의 지지를 받아야 한다. 그러나 지역구의 당은 그 의원이 의회 내에서 당의 지도자가 정한 노선을 지지하는 한 언제나 자동적으로 지지를 보내기 마련이다.

영국 의회민주주의에서 하원과 내각의 특별한 관계에 주목할 필요가 있다. 하원 주권의 원칙에 따라 하원은 내각의 리더십을 존중하고 수용하며 (최소한 외형적으로라도) 이에 복종해야 한다. 이는 일견 의회주권의 원칙과 상충하는 것처럼 비친다. 이를테면 의회주권은 헌법보다 우위를 점하며 따라서 일반 법률과 마찬가지 절차를 통해 헌법을 자유롭게 개정할 수 있다. 이러한 관점에서 보면 마치 의회 위에 군림하는 내각의 존재를 인정함으로써 의회주권의 원칙을 부정하는 것처럼 비칠 수 있다.

분명히 내각은 제왕적 위용을 보유한다. 내각은 토의할 의제를 준비하고 하원의 토의 시간을 통제한다. 내각의 구성원만이 공공 예산의 지출을 발의할 수 있다. 내각은 중요 법안을 초안하고 제안

민정책도 공격했다. 프랑스혁명의 위험 증대를 경고하고 예언했다." 김성식, 『김성식 정치평론: 쓴소리 곧은 소리』, 68쪽 _ 옮긴이 주.

하며 입법의 전 과정을 주도하고 원내의 어떤 특별위원회의 견제도 받지 않는다. 상임위원회는 의장이 부의한 일반적 사안에 대해 일반적 심사를 수행할 권한이 있다. 그러나 이들 위원회는 (스코틀랜드위원회를 제외하면) 본격적인 심사를 생략한 사실상 상징적인 기관에 불과하다. 이 사실을 입증하는 한 예로 심의할 안건이 내용이 아니라 단지 알파벳순으로 배정된다는 사실을 들 수 있다.

내각은 의회의 어떤 위원회의 견제도 받지 않은 채 위원회를 통제하며 심지어 하원 자체를 해산할 권한도 갖는다. 보다 정확하게 말하면 국왕에게 하원의 해산을 권고할 수 있고 국왕이 이를 수용하면 하원은 해산된다(국왕은 예외 없이 내각의 권고를 받아들여야 함).

이렇듯 하원에서 내각의 리더십은 영국 의회제도의 핵심적이고도 본질적인 특징이다. 영국은 의회민주주의 전통을 실질적 리더십의 현실적 필요성과 절충했다. 혹자는 민주주의를 희생해 의회지도자의 제단에 바쳤다고 비판할지도 모른다. 이들은 하원이 심히 위축된 나머지 형체가 사라졌다는 [마치 에드거 앨런 포Edgar Allan Poe(1809~1849)[15]의 작품에서 스페인 종교재판에서 감옥의 벽이 죄수를 향해 무너져 내리는 것처럼] 비판을 제기한다. 즉, 내각과 유권자가 긴밀하게 밀착해 양쪽에서 조이면서 일반 하원 의원을 한갓 거수

---

15 미국의 추리 소설가다. 인용된 작품은 『감옥과 진자(The Pit and Pendulum)』 (1842)다 _ 옮긴이 주.

기로 전락시켰다는 비판이다. 심지어 내각 각료들이 제각기 자신의 부처를 곧바로 하원으로 인정받아 의회가 제정한 법률의 일반 규정을 구체화하는 '명령orders'을 통해 사실상 직접 입법권을 행사하는 '신종 폭정 체제new despotism'를 구축했다고 비판한다. 그러나 이것이 폭정이라면, 그 폭정은 의회 스스로 구축한 것이다. 보다 중요한 문제는 과연 폭정 체제라는 것이 존재하는지, 그리고 사실상 하원의 몫인 의회주권이 새로이 구축된 강력한 내각의 우위 현상 때문에 손상되었는지 여부다.

이 질문에 답하려면 영국 의회민주주의의 가장 본질적 요소라고 할 수 있는 또 다른 면모에 주목할 필요가 있다. 다름 아닌 야당의 역할이다. 우리의 정치제도 아래서 '국왕의 (제1)야당His Majesty's Opposition'으로 불리는 야당의 지위와 역할은 무엇인가?[16] 하원에서 야당 당수는 가볍지 않은 존재감을 갖고 있고 운신의 폭도 넓다. 1937년 법률에 따라 제1야당 당수는 공식적으로 연 2000파운드의 보수를 받는다.[17] 그러면 영국 민주주의 체제에서 야당 당수에게

---

16 "영국에선 야당을 '여왕(국왕)의 반대 당'이라고 한다. (……) 야당이라고 해서 만년 야당이 아니고 가능적 여당이기 때문에 집권당에 대한 '여왕의 반대 당'이라고 부른다. (……) 여왕(국왕)은 여당과 야당의 정치를 발판으로 하고 영국에 군림하는 것이다." 김성식, 『김성식 정치평론: 쓴소리 곧은 소리』, 33쪽 _ 옮긴이 주.

17 현재 가치로 환산하면 약 30만 파운드(한화 5억 원)다 _ 옮긴이 주.

영국 국회의사당 하원 전경
정중앙에 의장의 의자가 보인다(E.N.A. 제공)

주어진 실제 역할과 부과된 임무는 무엇인가? 우선 우리는 간헐적이고 일시적인 야당들이 아니라 견고하고도 영구적인 야당이 존재한다는 가장 핵심적인 사실을 인식해야 한다. (평화 시에도) 내각에 도전하고 언제라도 정권을 인수받을 준비가 되어 있는 야당이 존재한다는 사실이다. 이 사실을 인식한 연후에야 비로소 영국 의회의 전모를 볼 수 있다. 선거에서 승리해 내각을 구성한 정당의 지도자들만이 하원을 독점하는 것은 아니다. 만약 그랬다면 초주권적super-sovereignty '신종 폭정 체제'라는 비판을 가할 수 있을 것이다. 그러나 실제로는 다수당은 조직된 다른 정당의 지도자들과 함께 어깨를 나란히 하며 의정을 수행한다. 야당은 유명무실한 존재가 아니다. 사실은 정반대. 현명한 야당은 적극적으로 여당에 맞서고 건설적으로 반대한다. 결코 반대를 위한 반대에 매달리지 않는다.

선거에 승리해 내각을 구성한 집권당의 지도자들은 야당과 협의해 의안을 결정하고 토의 시간을 배정한다. 국가비상사태나 중요한 국가정책 사안에 관해 야당과 협의한다.

영국 정치제도의 본질은 내각과 야당 지도자들 사이의 양치兩治, dyarchy 내지는 협치協治, condominium라고 부를 수 있다. 이러한 양치 내지 협치는 쉬운 말로 '주고받기give-and-take'이며, (우리 선조들이 '균형balance의 미덕'으로 명명한) 이러한 절충의 미덕은 영국인의 공적인 삶 전반에 걸쳐 스며들어 있다.[18] 이 점은 앞서 정부와 민간의 관계, 중앙정부와 지방정부의 관계를 논하며 주목한 바 있다. 내각과 야당의 관계도 마찬가지다. 이러한 중용의 미덕은 영국의 일상생활 전반에 걸쳐 확인할 수 있다. 이런 측면에서 볼 때 언제나 내각과 반反내각anti-cabinet이 동거하는 셈이다. 영국 의회민주주의에서 현임現任 내각cabinet in esse은 잠재적 내각cabinet in posse의 대립, 비판, 견제를 받으며, 대기 중인 내각은 현실의 내각이 될 야망을 키우는 것이라고 말할 수 있다. 바로 여기에 영국 정치의 (그것을 비결이라고 부를 수 있다면) 비결이 있다.

매년 가을에 나무를 보면 내년의 성장을 예약하는 싹 봉오리가 돋아나고 있듯이 국민 생활이라는 수목에도 새싹이 돋고 있는 것이다. 우리는 내일을 위한 양식을 비축해야 한다. 오늘도 현실의 지도자들과 내일의 지도자가 될 반反지도자들이 나란히 도열해 있지 않은가?[19]

---

18 "영국인의 타협은 우리가 피상적으로 생각하는 원리·원칙의 타협이 아니고 어떤 방향, 지향에 있어서의 타협이다. (……) 그러기 때문에 정치학자 바커(Ernest Barker)는 '정당은 임의의 결사'인데 그것은 '여론에 움직이는 조직체'라고 했다. 언제나 새로운 여론의 방향과 타협할 수 있는 것이 정당인 것이다." 김성식, ≪사상계≫, 1964년 10월호, 66~77쪽 _ 옮긴이 주.

19 "유럽에서 어느 나라 사람이 가장 행복하게 사느냐는 물음에 대해서 영국인 95퍼센트가 행복하게 산다는 대답이었고, 만약 이러한 영국이 위기에 이르렀을 경우 62퍼센트의 영국인이 조국을 위해 싸우겠다고 했다. (……) 안정이란 한 개의 논리가 지배하는 고정 사회에선 찾을 수 없고 다수의 논리가 균형 잡힌 사회

한 사람이 사라진다고 해서, 세상이 달라지는 것이 아니다(uno avulso, non deficit alter).

이러한 경구는 평상시normal times에만 적용되는 것이다. 도대체 평상시라는 것이 존재한다면 말이다(언젠가 미국의 어느 대통령은 '평상시normalcy'란 것은 이미 사라진 지 오래라고 했음).[20] 전쟁 중에는 영국 전래의 미덕마저 버릴 정도의 탄력성이 요구된다. 실제로 우리는 1931년 이래로 일시적으로 이 덕목을 포기했다고 할 수 있다. 세계가 붕괴될 조짐을 보이자 영국도 모든 정당이 참여하는 거국내각을 구성했다. 이 거국내각도 전쟁이 발발하기 전까지는 여당과 마찬가지로 모든 정당이 참여한 야당의 반대와 비판에 직면했었다. 한참 전쟁을 치르고 있는 지금 이 순간에도 야당이 엄연히 존재한다(이는 실로 우리의 자랑이 아닐 수 없음).

정부와 야당, 현임 내각과 잠재적 내각 사이에 상시 대립이 존재하는 의정은 어떤 의미가 있나? 이 질문에 대한 답은 한마디로 타

에서 찾을 수 있다. 마치 저울의 생명이 균형에 있는 것처럼." 김성식, 『김성식 정치평론: 쓴소리 곧은 소리』, 275쪽 _ 옮긴이 주.

20 "정상으로 돌아가자(Return to normalcy)." 1920년 미국 대통령 선거에서 승리한 워런 하딩(Warren G. Harding, 1865~1923)의 캠페인 구호와 관련된 표현이다. 제1차 세계대전과 스페인독감 팬데믹을 겪기 전의 삶으로 돌리자는 의미였다 _ 옮긴이 주.

협의 정신이다. 바로 이 타협의 정신이야말로 논리적 토론과 토론에 의한 정치를 표방하는 영국 제도의 정수가 아닐 수 없다. 토론에 토론을 거듭한 결과 최종적으로 얻는 것은 무엇인가? 다름 아닌 타협이다. 쌍방이 각각 자신의 장점을 드러내고 양쪽의 장점이 결합하면 타협에 이를 수밖에 없다. 영국의 장점은 각종 정치제도가 타협에 이르기 용이하도록 구축되어 있다는 점이다.

바로 여기에 하원이 결코 양보하지 않고 주권의 최종 담지자가 된 이유가 있다. 내각과 반내각은 각각 자신의 견해를 표명했고 양자는 타협할 수밖에 없다. 그렇다면 이러한 타협을 강제하는 요인은 무엇인가? 하원의 양식과 상식이다. 내각과 반내각, 여당과 야당이 공존하는 이상 타협은 이루어지게 마련이다. 하원이라는 존재가 없었다면 타협은 불가능했을 것이다.[21] 만약 하원이 없었다면 견제받지 않는 단일 정당의 지도자나 패거리의 독재가 성행했을 것이다. 하원이 존재하기 때문에 우리가 두려워하는 다수에 의한 독재를 피할 수 있는 것이다. "인민의 의사에 따르라!" 우리가 신

---

21 "가장 흥미 있는 것은 의원석이 정원보다 적다는 것이다. 즉, 의원 정원이 635명으로 늘어났음에도 불구하고 의석은 전과 같이 437석으로 했다는 것이다. (……) 영국의 의회정치는 '3C'로 이루어진다고 한다. 이해(comprehension), 양보(concession), 타협(compromise)이다. 마주 보니가 대화가 가능하고 서로 이해하고 양보하고 급기야 어느 타협점에 도달하게 되는 것이다." 김성식, 『내가 본 서양』, 94~95쪽 _ 옮긴이 주.

물이 나게 외치고 들어왔던 구호가 아닌가? 그런데 그 인민이란 오직 '우리' 편만을 의미한다고 믿고 비판자를 따돌리고는 했다. 하원을 통해서 그리고 하원 속에서, 다수당과 소수당, 내각과 야당 사이의 타협이 이루어진다. 타협의 결과로 다수가 대부분을 얻지만 (필연적인 결과로) 소수도 약간을 얻는다. 다수와 소수 사이의 타협을 통해서 정치의 연속성이 확보된다. 약간을 얻는 소수는 후일 집권하더라도 전임자의 결정을 전면적으로 번복하지 않을 것이다. 자신이 결정을 주도하지 않았던 과거도 존중함으로써 국민 생활의 연속성을 유지할 수 있게 한다. 그리하여 우리의 내각제 아래서는 언제나 반내각이 공존하며 하원의 주권을 확보할 수 있다. '하원 House of Common'의 'C'에 더해 '타협 Compromise'과 '연속성 Continuity'을 획득할 수 있다.[22]

지금까지 이야기한 내용을 다음과 같이 세 개의 명제로 요약할 수 있다.

첫째, 하원은 토론 정치가 요체인 영국 의회민주주의의 광장(forum)이다.

---

22 "영국의 정치 풍토의 두드러진 특색은 타협(compromise), 이해(comprehension), 양보(concession)의 정신이다. (……) 이 3C 정신은 (……) 개방된 사회생활에서 생겨난다. (……) 영국이 유럽 어느 나라보다도 개방된 사회를 먼저 이룩했으니 그럴 수밖에 없는 것이다." 김성식, ≪사상계≫, 1964년 10월호, 66~77쪽 _ 옮긴이 주.

둘째, 타협은 이 광장에서 이루어진 토론의 결실이다.

셋째, 연속성이란 토론을 통한 연속적인 타협의 집적물로 국민 생활의 안정과 발전을 도모하는 기제다.

정당과 정당정치

1770년 에드먼드 버크는 정당을 가리켜 "자신들이 동의하는 특정한 원칙에 바탕해 국익 증진의 노력을 위해 결합한 인적 조직"이라고 정의했다.[23] 한편 하버드 대학교 총장 애벗 로런스 로웰Abbott Lawrence Lowell(1856~1943) 박사는 1908년의 글에서[24] "공동의 사목司牧, common ministry을 지속할 목적으로 결합한 인적 조직"이라고 정의를 내렸다. 두 석학의 정의를 종합하고 이에 덧붙여 유권자, 내각, 의회의 관계를 포괄하면 다음과 같은 정의를 내릴 수 있을 것이다.

정당이란 사회의 영역에서 첫째, 정치적 강령을 형성하고, 둘째, 이러한 강령을 대변할 후보자를 유권자에게 제시하고, 셋째, 의회의 다수당이 되어 내

---

23 Edmund Burke, *Thoughts on the Cause of the Present Discontents*(1770) _ 옮긴이 주.

24 Abbott Lawrence Lowell, *The Government of England*, Vols. 2(1908) _ 옮긴이 주.

각의 구성원이 된 소속 정당의 지도자를 통해 강령을 구현시키는, 세 가지 주된 목적을 위해 자발적으로 조직된 인적 결합이다.

이러한 정의에 입각해 맨 먼저 주목할 정당의 특성은 자발적인 단체라는 것이다. 영국의 모든 정당이 자발적인 조직이다. 몇몇 다른 나라에서처럼 특별법으로 규율되는 국가기관이 아니다. 정치 메커니즘의 바퀴가 아니라 사회의 다양한 계층에서 형성되는 여론에 따라 움직이는 유동적인 조직이다. 다른 한편으로는 정당은 공적 제도 밖에서 형성되었지만 유권자, 의회, 내각 등 국가기관과 공적 영역에 영향을 미친다. 따라서 정당은 민간과 공적 영역 사이를 이어주는 연결 고리, 교량, 운하channel 등으로 비유할 수 있다. 여기에서는 운하라는 은유를 사용해 보자. 정당은 민간 영역에서 형성된 여론의 흐름을 공적 영역으로 끌어들여 정치적 행동의 방향에 영향을 주고 때로는 지시하는 운하라고 말할 수 있다. 물의 흐름처럼 정당에 의해 운하에 담긴 여론함은 사회 각계각층의 지지를 바탕으로 공적 기관의 바퀴에 실리면서 물길을 조정한다. 그 물길은 맨 먼저 유권자, 이어서 의회, 마지막으로 내각에 도달한다. 자유로운 유권자와 의회가 갖는 가치는 두 기관 모두 매 단계마다 대중의 여론을 공적 영역에 반영시키는 데 있다. 최소한 두 개 이상의 다수정당제를 보장하는 자유로운 정당 제도의 가치는 다양한 여론의 갈래를 일으키고, 각각의 가치와 힘을 입증하며, 그 힘과 가치로 정부 정책에 영향을 미치고 이끄는 데 있다.

영국에는 세 개의 주요 정당이 있다. 한때 '휘그'로 불리던 자유당은 1675년 런던시City of London와 웨스트민스터시City of Westminster의 교차점인 챈서리레인Chancery Lane의 주점을 본부로 삼아 설립한 그린리본클럽Green Ribbon Club[25]만큼이나 연조가 깊다.[26] '토리'로 불리는 보수당Conservative Party도 라이벌만큼 오래된 정당이다. 1900년에 이미 노동자대표위원회Labour Representation Committee라는 이름으로 존재했던 노동당Labour Party은 1906년에 현재의 당명으로 개명했다. 국가정책에서 이들 정당이 추구하는 바가 서로 어

---

25 그린리본클럽은 17세기 런던의 주점과 커피 하우스에서 정치적 목적으로 회동하던 느슨한 결속의 여러 단체를 통칭하는 이름이다. 이곳의 많은 회원이 잉글랜드 내전에서 수평파(The Levellers) 편에 참전했다. '녹색 리본'은 이들이 착용하던 배지 색깔에서 유래한 명칭으로 열성 지지자들의 충정을 상징한다. 주된 회합 장소의 이름을 따 킹스헤드클럽(The King's Head Club)으로 불리기도 한다 _ 옮긴이 주.

26 이 책의 제4장 마지막에서 두 번째 문단(167쪽)을 참조. '휘그'는 '토리'와 마찬가지로 당초에는 경멸의 뜻을 담은 표현이었다. '청교도(Puritan)'라는 용어도 마찬가지로 지나치게 격식을 차리기에 얼굴이 창백한 사람이라는 뜻으로 비아냥거리는 표현이었다. 휘그는 스코틀랜드 장로교도 중 극단적인 그룹으로 비국교와 연합한 세력을 경멸하는 의미로 비판자들이 붙인 이름이다. 토리 또한 반대편에서 붙인 별명이었다. 즉, 아일랜드에서 잉글랜드 개신교도의 정착에 반대하는 토착 가톨릭교도들이 잉글랜드 제국주의자를 경멸하며 불렀던 별명이다. 이렇듯 첫째, 두 용어는 모두 '종교적인' 별명이며 둘째, 본래 잉글랜드 땅 밖에서 유래한 용어가 잉글랜드 정치 안방으로 유입된 것이다 _ 지은이 주.

떻게 다른가?

오래전부터 전해오는 이야기가 있다. '자유', '평등', '박애'의 세 주머니를 프랑스, 영국, 미국의 세 나라에 분배했다. 영국이 가장 먼저 나서서 자유를 선점했다. 프랑스가 뒤이어 평등을 택했다(프랑스는 오늘날까지도 사회적 평등에 헌신함).[27] 미국에게는 마지막 남은 선물인 박애가 주어졌다. 이들 3종 선물 세트를 영국의 정당들 사이에 분배한다면 어떤 결과가 될까? 자유당이 오래전부터 자유를 택했고, 보수당이 (까마득한 옛날에) '노동조합union'의 입장을 대변해 박애를 택했으며, 노동당은 남은 선물인 '평등'을 가졌다고 말할 수 있을까?

보수당은 여러 차례 이름이 바뀌었다. 토리, 보수당, 조합주의 당Unionist, 국민당National(당의 정체성보다는 여러 세력을 종합한 당명) 등으로 간판을 갈아 달았다. 보수당이란 당명은 1830년 이후에 비로소 사용된 일반적인 명칭으로 당의 특성을 거의 반영하지 않는

---

27 "나폴레옹은 혁명의 자유는 실천하지 못했고 계몽 군주로서 줄 수 있는 자유는 주었다. 재산 소유권, 신교의 자유 등. 그러나 민주주의의 기본인 언론·결사의 자유는 주지 않았다. (……) 평등에 대해서는 나폴레옹법전을 공통적으로 채용함으로써 라인 지방에서 인민의 평등은 법률로 보장되었다. '프랑스인이 요구하는 것은 자유가 아니고 평등이다'라고 그는 말했다." 김성식, 「나폴레옹의 허영과 독재: 오도된 프랑스 혁명정신」, ≪사상계≫, 1963년 1월호, 47~55쪽 _ 옮긴이 주.

다. 1834년 탬워스 선언Tamworth Manifesto에서 (≪더타임스≫의 존 월터John Walter의 권고에 따라) 보수당 지도자 로버트 필 경Sir Robert Peel(1788~1850)은 "기존 제도들을 세밀하게 재점검하고 (……) 드러난 남용을 시정하고 피해를 구제함에 있어 (……) 전래의 관행에 대한 미신적 경배를 불식할 것"을 선언함으로써 신중하고도 점진적인 개선이라는 전통적인 보수주의의 색채를 벗어 던졌다.

이때부터 이 당에 심대한 변화가 일어났다. 공장 관련 법률과 노동조합에 대해 전향적인 자세를 취하고, 참정권의 확대에 적극적으로 나섰으며(1867년), 지방정부의 개혁(1888, 1929년)에도 응분의 노력을 쏟았다. 그러나 지난 100년 동안 보수당의 핵심 정책은 보수주의도 신중한 변화도 아니었다. 오히려 박애fraternity와 통합unity을 중시했다. 1922년 아일랜드 자유국Irish Free State(아일랜드어로 '에이레'로 불림)이 탄생한 이래로 보수당은 아일랜드 자치Irish Home Rule 요구에 대해 '통합'의 원칙을 고수했고, 벤저민 디즈레일리Benjamin Disraeli(1804~1881)[28]와 조지프 체임벌린의 영도 아래 경제협력을 통해 대영제국의 일체성을 공고히 하는 정책을 폈다. 오늘날에는 계층 갈등 현상에 직면해 사회 통합과 국가의 동질성이라는 이상을 추구한다. 한마디로 보수당은 통합의 정당이고 유일

---

28 작가 출신의 정치가다. 유대인으로 최초로 영국 수상이 되어 두 차례(1868, 1874~1880) 보수당 정권을 이끌었다 _ 옮긴이 주.

성unitarian을 표방하는 정당이다.

그런가 하면 또 한편으로 보수당은 나라 안의 특정 세력 내지는 계층과 결합되어 있다. 오랫동안 영국성공회와 유착되어 왔기에 아직도 '교회와 정부Church and State'의 정당으로 불리기도 한다. 또한 사유재산과 사기업의 후견인이라는 평가를 받는다. 한때 자유당이 상업과 경쟁을 천명한 맨체스터 원칙Manchester doctrine[29]을 추구한 것이 보수당의 정치 이념과 맥락을 함께한다. 그러나 오늘날 자유당은 변했고 이제는 보수당이 확실한 사유재산의 옹호자다. 산업자본가들 사이에서도 세력이 강하지만 특히 지주와 농촌지역에서 기반이 튼튼한 정당이다. 마지막으로 지리적으로 볼 때 보수당은 중부와 남부 잉글랜드에서 특히 강세다(랭커셔 등 북부의 일부 지역에도 상당한 지지 기반을 확보하고 있음).

그러나 이러한 특색에도 불구하고 보수당의 기본 성격은 통합적 유일unitarian 정당임을 인정해야 한다. 보수당이 특정 부문과 계층에 강력한 기반을 구축한 것은 사실이고, 바로 이 사실 때문에 당

---

29 맨체스터는 산업혁명의 진원지이자 섬유산업의 본산지로 공장노동자들의 세력 거점이기도 했다. 정부가 농민을 보호하기 위해 수입 곡물에 관세를 부과하는 법(The Corn Laws)을 제정하면서 농산물과 식료품의 가격이 폭등하자 맨체스터 노동자들은 이에 반대하는 조직적인 운동을 벌였다. 이들이 주창한 '맨체스터 자유주의'는 애덤 스미스(Adam Smith, 1723~1790)와 데이비드 흄(David Hume, 1711~1776)의 사상에 철학적 기초가 되었다 _ 옮긴이 주.

의 외향이 그렇게 비친 것도 사실이다. 그러나 보수당은 결코 계급 정당이 아니며 모든 계층의 국민을 아우르고 있다. 20세기에 치른 모든 선거에서 (1906년 선거를 제외하고) 보수당은 다른 어느 정당 보다 많은 표를 얻었다. 여러 측면에서 보수당은 영국 의회민주주의의 핵심 가치인 타협과 연속성의 이상을 충실하게 구현하는 듯 하다(물론 아일랜드 자치 운동에 대한 입장과 1911년 의회법의 제정에서 취한 태도는 실망스럽기 짝이 없지만). 이러한 이상에 박애의 이상을 더해 보수당의 핵심 이념이라고 불러도 좋을 것이다.

보수당과 비슷하게 자유당도 '한 얼굴에 여러 이름을 가진' 정당이다. 프랑스혁명 때까지는 휘그당이었다가 19세기에 자유당이 되었다. 그러나 일부 열성 당원들은 오랫동안 스스로 '급진당Radical' 으로 불리기를 원했다. 자유당은 시종일관 자유를 핵심 이념으로 삼았다. 종교의 자유, 그중에서도 특히 오랫동안 비국교도들과 결속하며 이들의 권리 운동을 지원해 종교 활동의 자유와 비국교도의 공직 취임 금지를 해제하기 위해 노력했다. 또한 정치적 자유의 수호자로서 나라 안의 모든 시민에게 균등한 참정권을 부여하고, 이렇게 선출된 하원을 최종적인 의회주권의 보유자로 공인하기 위해 진력했다(자유당이 1911년 의회법의 제정을 주도했음). 시민적 자유 전반을 옹호했으며, 그중에서도 특히 의회의 제정법과 법원이 정립한 코먼로의 범위 안에서 사상의 자유와 행동의 자유를 옹호했다.

오랜 시일 동안 가히 '자유교cult of liberty'의 신봉자라 불릴 정도로 자유당은 자본가가 자신의 자본을 어떠한 제약 없이 자유롭게 처분할 자유를 옹호하는 것으로 비쳤다. 그러나 시대의 변화에 따라 자유주의는 본래의 의미가 달라졌다. 보다 정확하게 말하자면 자유의 범주가 확대된 것이다. 자유당은 노동자의 자유 또한 보장되어야 하고, 정치적·종교적·시민적 자유와 함께 보편적인 경제적 자유도 자유의 범주 안에 포함하는 정책을 강령으로 채택했다. 특히 1928년 '영국 산업의 미래Britain's Industrial Future'라는 강령 안에 고전적 정치민주주의에 더해 경제민주주의 이념을 포함시켰다. 여전히 광범한 범위를 기업의 사적 자유의 영역으로 남겨둔 채로 경제민주화를 시도한 것이다. 노동자와 사용자 대표가 함께 참여하는 위원회council가 모든 산업을 규율하고, 마찬가지로 모든 사업장에서 양쪽 대표자로 구성된 위원회를 운영한다. 이에 그치지 않고 재산의 배분을 주장한다. 내용인즉, 각 사업장의 근로자는 발생한 이익을 자본에 대한 지분 형식으로 배당받아 점진적으로 파트너가 되는 일종의 재산의 공동체 소유제다. 자유당은 결코 사회주의 정당이 아니다. 그러나 양방향에서 사회주의적 접근법을 시도한다. 국가가 가장 효과적으로 경영할 수 있는 산업의 국유화를 환영하고 촉진하며, (앞에서 언급한 강령처럼) 이러한 방법으로 사기업에 대해서도 사회적 협동의 원리를 일정 부분 도입하려고 시도했다. 순수한 사적 소유도 아니고 순수한 사회주의도 아닌, 국가의 필요에 따라 두 요소를 결합해 점진적으로 각 요소의 비율을 조정하는 제3의 유형인 혼합경제mixed economy 체제를 신봉한다.

그러나 자유당이 시종일관 고수해 왔고 현재도 고수하고 있는 기본 이념은 자유다. 자유당이 종교 자유의 신조와 정책을 금과옥조로 신봉해 왔듯이 자유통상의 원리 또한 고수하고 있다. 이 원칙을 준수하는 한 자유당은 살아남을 것이다. 그러나 근래 들어 영국에서 자유당의 입지를 약화시키는 여러 요인이 발생했다. 비국교도에 대한 탄압과 제약이 전면적으로 해소되자 비국교도와 자유당 간에 공고했던 과거의 결속이 매우 느슨해졌다. 노동당의 출현이 결정타가 되었다. 영국은 여당과 야당, 정부당과 반대당으로 맞서는 양당정치의 전통이 만유인력의 법칙처럼 강하게 작동하는 나라다. 이렇듯 선명하게 대립하는 두 개의 정당 아래에서 수적으로 열세인 제3의 정당의 입지가 좁아지는 것은 자연스러운 일이다.

자유당은 마치 군대가 없는 지휘관들의 집합체 신세로 전락했다. 당의 지도자들은 탁월한 정치사상가들이지만 어떤 거대한 열성적 유권자 집단이 없다. 그럼에도 불구하고 1929년 선거에서 거의 25퍼센트의 득표를 기록했지만 사분오열로 갈린 최근(1935년) 선거에서는 10퍼센트 득표에 그쳤다.

앞서 살펴본 것처럼 노동당은 20세기 들어 탄생한 새로운 정당이다(19세기에도 개인 차원의 노동자 의원이 없었던 것은 아니나 이들은 대체로 자유당과 정치 행보를 함께했음). 1906년 이래 부분적으로 단체(주로 조직된 노동조합)와 개인(육체노동자와 정신노동자)이 합쳐진 정당이다. 이들 '단체'는 다른 정치단체와는 성격을 달리하며 독자적인 정책을 표방한다. 노동조합이 당의 재원 조성에 결정적으로 기여하기에 다른 요인과 더불어 정책 토론과 결정 과정에서도 노동조합의 발언권이 세다. 물론 노동조합이 노동당을 구성하는 유일한 집단은 아니다. 페이비언협회Fabian Society[30]와 같은 사회단체나 기구도 있다. 이들 중 일부는 노동당의 이념과 정책의 형성에 상당히 기여했다. 개인 당원은 특정 지역구의 회원 자격으로 전국 당원이 된다. 이들 중에는 육체노동자는 물론이고 법률가, 의사, 언론인 등 전문직 종사자도 많다.

전국 대회에서 발표되는 노동당의 강령과 정책 보고서를 살펴보면 '생산수단을 공유하고 모든 산업과 서비스의 대중적 경영과 통제에 최적인 제도의 건설'을 추구하는 사회주의 정당의 성격이 농후하다. 그러나 영국적 정신을 계승한 노동당은 거대 담론보다는 당면한 문제를 해결하는 실용적 지혜를 선호한다. 특히 정당 안의 노동조합 세력은 경험이 풍부한 지도자들의 주도 아래 눈앞에

---

30 1884년 시드니 웨브와 비어트리스 웨브 부부 등이 주도해 설립한 사회단체다. 단체명은 로마 시대의 군인 정치인 파비우스[Quintus Fabius Maximus Verrucosus (Fabius the Delayer), ?~B.C.203]의 이름에서 따왔다. 점진적인 개혁을 통해 사회민주주의(내지 민주사회주의)의 실현을 목표로 했다. 1895년 런던 정경대학교의 설립을 주도하고 1900년 영국 노동당의 탄생에 기여했다 _ 옮긴이 주.

닥친 구체적인 사안의 해결에 주력하는 경향이 농후하다. 노동당의 주도 세력은 사회주의 실현보다 사회적 평등에 더욱 열정을 쏟는다. 이는 아직도 사회 전반에 (특히 교육 부문에) 귀족주의 전통이 남아 있고 앞서 살펴본 것처럼 부의 분배가 매우 불평등한 나라에서는 자연스러운 현상이다. 이러한 상황에서 노동당은 자연스럽게 '인민, 그중에서도 특히 자신의 손과 머리를 생계 수단으로 삼는 인민들의 정치적·사회적·경제적 해방'을 열망한다. 이러한 관점에서 보면 노동당은 평등의 실현이 절실하게 요구되는 나라에서 '평등론자leveller'[31]의 정당으로 볼 수 있다. 당은 평등한 교육제도의 구축과 균등한 교육 기회의 보장을 위해 노력한다. 한 걸음 더 나아가 노동당이 창당하기도 전에 태동해 날로 강화되는 새로운 시대정신을 고양할 것을 열망한다. 견고한 계층 사회와 굴종의 유습이 지배하던 옛 영국은 20세기 초에 이미 쇠퇴하기 시작했다. 자유당 정부는 1908년 모든 노동자를 대상으로 하는 보편적 복지 제도를 도입하며 사회적 평등의 길에 나섰다. 이에 노동당은 봉화를 높이 들고 새로운 불꽃을 점화해 가일층 개혁의 길로 내달았다. 노동당은 영국을 새로운 평등의 시대로 인도하기 위해 진력한다. 사회 개혁의 기술적 수단이나 그 수단이 사회주의 정책을 수반하는

---

31 원래는 크롬웰 혁명의 지지 세력을 가리키며 '수평파'로 번역된다. 여기에서는
   문맥을 고려해 현대적인 용어로 바꾸었다 _ 옮긴이 주.

지에는 관심을 덜 두는 반면에 현실적 사회 변화와 그 결과로 달성되는 실질적 평등에 더욱 관심을 집중한다.

영국의 정당들에 관한 서술을 마감하면서 결론을 대신해 두 가지 평가를 첨언하고자 한다. 첫째 평가는 모든 정당에 공통된 것이고, 둘째 평가는 정당들 상호 간의 관계에 관한 것이다.

모든 영국 정당의 공통점은 어느 정당도 교회에 적대적이지 않다는 것이다. 반종교적 성향도 없고 세속주의나 불가지론을 취하지도 않는다. 이 점은 교회의 지배에 대해 반란을 일으킨 유럽 대륙의 자유주의 정당들이 흔히 보이는 반교회적, 심지어는 반종교적 성향이나 또는 사회당이 사회주의자이자 세속주의자들의 정당인 점과 대조된다. 영국의 경우 (제5장에서 상술하겠지만) 전통적으로 정당은 종교와 밀접한 관계를 유지해 왔다. 보수당은 전통적으로 국교와 친밀한 관계를 유지했다. 자유당은 자유교회 및 비국교와 동반자 관계에 서는 경향이 있다. 늦게 출현한 노동당은 이러한 전통에서 자유롭지만 일관되게 종교에 호의적인 자세를 유지하고 있다. 당의 일부 지도자들은 자유교회의 평신도 설교자로 수련을 받았다. 그뿐만 아니라 국교나 자유교회의 성직자인 당원도 상당수 있다. 정치와 종교가 결합하는 오랜 전통이 노동당에도 약간은 스며들어 있는 것이다.

영국에서 정당 상호 간의 관계에 제기되는 가장 핵심적 문제는 정당의 숫자다. 현재 영국에는 (세력이 미미한 소수 정당들splinters or fragments을 제외하고) 세 개의 정당이 있다. 보수당, 자유당, 노동당이 각각 국가의 번영과 복지에 필요한 서로 다른 정치 이념을 표방한다면 두 개가 아니라 세 개의 정당이 존재할 필요가 있다. 시대사조와 사회 여론의 흐름은 끊임없이 변하고, 각 정당이 이러한 사조와 여론을 정책에 반영한다면 3당 체제는 의미가 있다. 그러나비록 사회적 이유로 다수정당제를 환영한다손 치더라도 정치적으로는 두 개의 정당만으로 국정을 운영하는 양당정치가 이점이 크다고 여기는 국민 정서를 불식하기가 어렵다. 내각과 반내각으로대립되는 영국의 정치제도는 양당 체제를 요구하는 경향이 농후하다. 한 정당이 정부와 내각을 지원하고, 다른 정당은 반反내각을지원하는 것으로 역할을 분담하는 구도다.

다수 정당을 선호하는 사회적 욕구를 양당 체제만으로 소화해낼 수 있을까? 이 문제는 실용적으로 해결해야 하고, 해결하고 있으며, 해결될 것이다. 내각과 반내각이라는 강력한 두 개의 동인이자동적으로 양대 진영을 형성할 것이다. 만약 다수의 정당이 난립한다면 단일 정당 또는 양대 정당의 연합체가 될 것이다. 즉, 두 개의 정당과 두 개 이상의 진영이 동시에 존재하는 결과가 벌어진다.이는 가능한 일이지만 매우 곤혹스러운 일이기도 하다. 바로 이것이 영국 자유당이 직면하고 있는 난제다. 다수 정당 체제 아래서 두개의 진영이 정당 제도 안에서 힘겨루기를 하면 모든 정당에게 난제가 발생한다. 바로 이것이 지난 20년 동안 영국이 경험한 바다.

제3장

—

영국 정부론

군주국

국왕king 또는 군주crown(국왕보다 군주가 더 위엄을 풍기는 어휘이기는 함)는 영국의 헌법과 정부론 전체를 관통하는 개념이다. 앞 장에서 의회를 다루며 국왕이 법적으로 의회에 출석한다고 설명한 것처럼 영국의 정식 입법기관은 '의회 내의 국왕King in Parliament'이다. 의회와의 관계를 떠나 국왕, 보다 정확하게 군주(개인이 아니라 직책을 가리키기에)는 국가를 대표해 상시 권력을 행사한다. 행정부는 다양한 정부 부처를 통해, 사법부는 각급 법원을 통해 권력을 행사한다. 군주가 보유한 다양하고도 복잡다단한 권한과 권력은 영국의 입법, 행정, 사법에 걸친 모든 권력의 원천이다. 이 사실은 이나라의 법률의 서두 문구에 천명되어 있다.

> 지엄하신 국왕 폐하께옵서 귀족원과 (……) 평민원의 조력(advice)으로 소
> 집된 의회가 그 권한에 근거해 제정하신 바 (……)

이 사실은 행정부의 영역에서 더욱 의미심장하다. 내각을 구성하는 행정부의 장관들은 그 권위와 유용이 바로 군주의 장관이라는 사실에서 유래한다. 장관들의 조력이 군주의 공적 행위를 구속한다. 장관이 의회에 대해 책임을 지는 것은 사실이다. 장관의 조력은 군주의 국정 행위를 결정하고, 장관의 조력 없이 군주는 어떠한 국정 행위도 수행할 수 없다는 것도 사실이다. 그러나 이들은 군주의 장관으로, 군주의 권위와 후광style 없이는 존재 자체가 의미가 없다. 장관은 군주의 권한과 권리의 개인적 소지자로서 국왕을 조력한다. 즉, 군대의 총사령관이자 교회의 수장이고, 나라 전체 공무원의 지위와 영예의 원천이며, 전쟁과 평화를 포함한 대외적 국가 행위의 통할자이고, 국정의 세부 방향을 지시하는 최종 책임자로서의 군주를 조력하는 것이다. 군주를 조력함에 있어 군주의 권위에 의존하기에 장관은 세부적 책임을 공유한다. 영국 군주제의 전모를 살펴볼 때 한 가지 유념해야 할 사실은 영국 국왕은 영국과 영국인만의 왕이 아니라는 사실이다. 해외에서도 대영제국 국왕의 위용은 가볍지 않다. 명목상by style의 인도 황제Emperor of India[1]이자 자발적으로 결성된 영연방의 상징적 수장으로 해당국 장관의 조력을 받는다. '지엄하신 국왕 폐하The King's most Excellent

Majesty'의 권한의 범위는 넓고도 깊은 영역과 주제에 걸쳐 있다.

영국 헌정에서 장관의 역할을 살펴보기에 앞서 국왕에 대해 첨언할 사항이 있다. 군주의 지위로서의 국왕에 대해서는 이미 약술했다. 덧붙일 것은 국왕의 가족과 가문(왕가The Royal Family 또는 윈저 왕가House of Windsor), 그리고 국왕의 개인적 행위와 영향에 관한 사항이다. 언젠가 조지 5세George V(재위 1910~1936)가 지나가는 말로 자신을 일러 모든 국민을 아우르는 가족의 가장에 비유한 적이 있다. 이는 사실이자 엄연한 진실로, 대부분의 영국 국민이 국왕에 대해 품는 정서를 대변한 것이다. 그러나 보다 특별한 의미에서 국왕은 특정 가문의 가장이고, 그 가문은 다른 귀족 가문과 밀접하게 연결되어 있다. 이런 관점에서 볼 때 왕국은 과거 영국 사회를 지배하던 귀족정치의 요소가 그 후광과 공적 역할을 통해 여전히 진하게 남아 있다고 말할 수밖에 없다. 오늘날에도 영국은 귀족주의적 요소가 다분한 가운데 민주주의가 혼합된 사회다. 현재의 전시내각War Cabinet에도 이런 혼합의 원리가 반영되어 있다. 특히 국

---

1   빅토리아 여왕(Queen Victoria) 시절인 1876년 국왕호칭법(Royal Title Act 1876)에 따라 영국 군주는 영국령 인도(British India)의 황제를 겸하게 되었다. 이는 인도가 독립한 1948년까지 사용되었다. 자세히는 안경환, 「영연방법제에 관한 연구(총론 1)」, 서울대학교 ≪법학≫, 제34권 2호(1993), 248~265쪽; 「영연방법제에 관한 연구(총론 2)」, 서울대학교 ≪법학≫, 제34권 3호(1993), 130~158쪽 _ 옮긴이 주.

왕의 지위가 이 점을 두드러지게 한다. 국왕은 전체 국민을 아우르는 대가족의 가장인 동시에 귀족 가문과 연관된 가족과 가문의 가장이다.

아마도 앞으로 시일이 경과할수록 전자의 성격이 강해지고, 자신들의 특별한 '사회적' 일상을 영위하는 특별한 '사회'의 수장인 후자의 성격은 점차 희석될 것이다.

개인 자격에서 국왕은 자신의 행동과 영향력에 더해 평생 체득한 국정 경험을 정치적 자산으로 활용한다. (현재 영국 국왕인) 조지 6세는 1936년 왕좌에 오르고 5년 남짓한 기간 동안 벌써 세 번째 수상의 조력을 받고 있다. 재위 기간이 길어질수록 국왕은 정보와 경험의 중심축이 된다. 상시 보고를 받고 자문을 받는 국왕은 자신이 하는 행위의 의미를 모르고 결정에 끌려드는 허수아비 수장이 결코 아니다. 국왕은 어느 누구와도 비견되지 않을 정도로 광범한 정보를 수집할 수 있는 위치에 있기에 자신이 지득한 정보를 바탕으로 자신이 수용해야 하는 조언을 제공하는 장관을 격려하거나 경고를 건넬 수 있다. 종신 임기가 보장된 세습 국가원수로서 국왕은 주기적인 선거가 가져오는 혼란으로부터 나라를 지키고, 난숙爛熟한 경험을 바탕으로 중립적인 판단을 내리는 적극적인 지도자의 역할을 수행할 수 있다.

행정부

'정부government'와 '행정부administration'는 흔히 동의어로 혼용되지만 엄밀한 의미에서 서로 구분된다. 정부는 어원상 '운전steering'이란 뜻의 라틴어 단어에서 유래해 입법을 포함한 국가의 정책 전반을 조종하는 기관이라는 넓은 의미로 사용된다. 그런가 하면 국가의 행정 정책의 포괄적인 조정 또는 구체적인 국가 행정의 집행이라는 좁은 의미로 사용되기도 한다. 양자 중 어느 쪽이든 정부라는 어휘는 정책과 관련된 용어로 행정부와는 의미를 달리한다. 행정부는 '서비스service'를 의미하는 라틴어에서 유래한 단어로 전문가 집단이 구체적인 사안에 대해 제공하는 기술적·전문적 행위를 가리킨다. 이는 정부를, 보다 구체적으로 행정부를 운용하는 집단이 수립한 정책의 일반 원칙에 따라 일상적인 임무를 집행하는 공적 행위를 의미한다. 정부는 정책의 수립을 담당하고, 행정부는 이렇게 수립된 정책의 세부 집행을 담당한다. 정부 정책의 일반 원칙을 수립하는 일은 비전문가가 맡을 수도 있지만 수립된 정책을 세부적으로 집행하는 일은 전문가 집단의 인내와 지속적인 행위가 요구된다.[2]

---

2 두 가지를 부기한다. 첫째, 일반인의 용어로 행정부란 '연립 행정부(coalition administration)'처럼 때때로 '정부'를 지칭하기도 한다. 둘째, 현실에서 행정부의

영국의 관용적인 용어로, 즉 보다 특별하고 상식적인 의미로 정부란 행정부executive government를 지칭한다. 수상의 지휘 아래 대체로 20여 명의 각료로 구성된 단일한 기관으로 국정을 수행하며 의회에 대해 집단 책임을 지는 기구를 의미한다. 내각 구성원들은 제각기 중요한 정부 부처의 수장으로 통상의 경우 모두 같은 정당 소속이다. 이 사실 때문에라도 내각은 결속력이 강한 단일 기관이 된다. 전쟁이나 이와 유사한 국가비상사태 때는 여러 정당의 연합 내각이 구성되어 대표성을 강화한다. 이 경우에도 내각의 내부적 일체성은 흔들리지 않는다. 각료 전원이 국회(하원 또는 상원)의원 신분이고, 이 사실은 의회에 대해 내각이 책임을 진다는 사실과도 밀접하게 연관되어 있다.

내각, 정당, 의회의 관계에 대해서는 앞 장에서 살펴보았다. 여기에서는 정당, 의회, 유권자 또는 그 밖의 헌법 제도와의 관계를 떠나 행정부의 핵심이자 지배 기관으로서 내각 자체에 대해 고찰한다. 현재 (전쟁 중인) 영국은 단 7명으로 구성된 전시내각 체제를 운영하는 중이다. 각료 중 일부는 부처의 수장이 아니고 어떤 의미에서든 국가의 중요한 기관의 장도 아니다. 전시내각에 필요한 각

공무원은 정부의 개별 공무원이나 정부 전체에 대해 정책을 제안함으로써 행정 본연의 역할을 넘어서기도 한다. 그럼에도 불구하고 정부와 행정부는 개념상 구분할 논리적 정당성을 갖춘다 _ 지은이 주.

료는 특정 부처로부터 자유로운 사람이어야 하기 때문이다. 그러나 전시내각도 엄연한 내각이고 나라의 유일한 내각이다. 장관은 통상의 경우 각료가 되었어야 할 직책이지만 현재의 전시내각에서는 내각 구성원이 아니다. 그러면서도 내각의 통제에 복속해야 한다.

바로 여기에 정책의 자석magnet of policy 원리가 작동한다. 내각 밖에 있지만 동시에 내각 안에 있다. 현재의 시스템은 어디까지나 예외적이다. 평화 시에도 내각의 규모가 컸을 때는(이를테면 1939년 8월에는 23명에 달했음) 의원이 아닌 중요한 국가기관(이를테면 우정국)의 장이 각료 안에 포함되기도 했다.

문제의 핵심은 (현재의 전시내각의 경우처럼) 정부 부처의 장이 몇 명이나 내각 구성원이 되든, 행정부의 중심이 되는 지배 기관이 포함되어야 한다는 대원칙이다. 중심이 되는 지배 기관의 운영은 언제나 집합적 의사 결정에 따라 움직인다. 내각은 언제나 단일 기관으로 결행決行하고 그 결행에 대해 집단 책임을 진다. 이 집단 책임의 원칙은 중요한 파생 원칙을 생산한다. 내각의 단일성과 집단 책임의 원리를 유지하는 원동력은 수장의 지도력이다. 내각이 하나의 기관으로 일사불란하게 작동할 수 있는 것은 최종적인 집단 의사를 결정할 수 있는 수장이 존재하기 때문이다. 정책 사안에 대해 의심이 있거나 구성원의 의견이 상반될 경우 수상이 최종 결정을 내린다. 수상이 결정적으로 중요하다고 생각하는 사안에서 각료들과 의견을 달리할 경우 수상은 해당 각료들의 사임을 요구할 수 있다. 내각이 행정부의 핵심 기관이듯이 수상은 내각의 핵심 인물이다. 수상이 압도적 우위를 점하고 최종적으로 개인적 책임을 지는 것은 내각의 집단 책임의 원리와 일견 상충하는 것으로 비칠 수 있다. 그러나 찬찬히 살펴보면 내각의 단일성과 결속력은 내부 통합을 이끌어내는 수상의 강력한 지도력이 뒷받침되어야만 비로소 유지되는 것임을 깨닫게 된다.

마지막으로 되풀이해서 첨언할 논점은 내각이 전체 행정부와 협력해 통할하지만 나라의 중요한 부처의 수장이 모두 각료가 되는 것은 아니라는 사실이다. 유사 이래 한 번도 내각 구성원이 되지 못한 작은 부처의 수장도 많다. 이들은 각료cabinet가 아닌 단순한 장관minister의 자격으로 의회에 출석하고 자신의 부처 업무와 관련 있는 일체의 토론에 참여한다. 모든 주요 부처(흔히 '화이트홀 부처 Whitehall Departments'로 불림)의 장관은 내각 구성원이다. 그러나 기관의 수장이 의회에 참석하지 못하는 외곽 부처도 많다. 이들 중 일부는 의회에서 장관이 아닌 직책(가령 구빈위원회Charity Commission)이 대표하기도 하고, 다른 부처의 장관이 대리하기도 한다. 가령 영국방송공사The British Broadcasting Corporation(이하 BBC)는 우정국 장관Postmaster-General이 대표한다. BBC는 부처라고 부르기 힘들지만 부처의 성격을 띤다.

어쨌든 모든 정부 부처는 직간접적으로 의회에 대표자를 참여시킨다고 할 수 있다. 그리하여 내각의 핵심 기관이자 조정자 역할을 담당하는 행정부의 모든 기관이 의회와 연관됨으로써 의회주권의 통제에 복속하는 것이다.

행정공무원

이제 다양한 위계와 종류의 정부 구성원에서 눈을 돌려 정부의 서비스 업무를 맡은 일반 행정직과 전문직 공무원에 대해 살펴본다. 위로는 의회와 직접 접촉이 가능한 상임직과 전문직 수장에서 시작해 아래로는 서기, 우편집배원 등 대중에게 일상적 서비스를 제공하는 하급 직원에 이르기까지 영국의 행정공무원 수는 40만 명에 달한다. 근래 들어 크게 늘어난 숫자다. 약 100년 전인 1832년 정치개혁법이 제정되어 영국인의 정치적 삶에 혁명이 일며 시작된 변화다. 이 시기 이전의 행정은 대체로 비전문가가 담당했다. 그러나 이 법이 시행되면서 정부의 역할이 증대되자 (특히 빈민 구제, 교육 지원, 공중 보건의 증진 등) 해당 분야의 전문적 서비스의 필요성에 대한 인식이 제고되었다. 새로운 공무원 제도의 창시자로 불리는 에드윈 채드윅 경Sir Edwin Chadwick, KCB(1800~1890)[3]과 제임

---

3   사회 개혁가다. 공리주의 철학자 제러미 벤담의 수제자로 빈민 구제, 도시 위생 환경 개선 등 각종 사회 개혁 정책을 입안하는 데 크게 기여했다 _ 옮긴이 주.

스 케이 셔틀워스James Kay Shuttleworth(1804~1877)[4]는 (두 사람 모두 랭커서 출신임) 시대적 요구에 기민하게 대처하는 행정 서비스를 고안했다. 20세기가 되자 새로운 충격이 밀어닥쳤다. 1906년 선거에서 자유당이 승리하자 공공사회서비스 사업이 대폭 확충되고 이에 따라 전문 인력의 대규모 증원이 불가피하게 되었다. 정부 시스템 전반에 걸쳐 전문화가 가속되었고, 관료주의와 공무원의 폭정을 비판하는 목소리가 터져 나오기도 했다.

영국 공무원 제도의 능률과 윤리와 관련해 두 가지 사실을 주목할 필요가 있다.

첫째, 공무원 충원 제도다. 공무원의 충원은 공무원인사위원회 Civil Service Commission의 주관 아래 공개경쟁 시험을 통해 이루어진다. 이 제도는 대체로 1850년에서 1870년 사이에 토머스 배빙턴 매콜리 경Lord Thomas Babington Macaulay(1800~1859)[5]과 그의 처남인 찰스 에드워드 트리벨리언 경Sir Charles Edward Trevelyan, KCB(1807~1886)[6] 두 사람의 주도 아래 도입되어 정착된 것이다.

공개 채용 시험의 과목은 특정한 분야나 전문적 과목이 아니라

---

4   정치인이자 교육가다 _ 옮긴이 주.

5   역사학자이자 휘그당 정치인이다. 대표작으로 *The History of England*(1861)가 있다 _ 옮긴이 주.

6   영국 공무원으로 인도 캘커타 식민 정부에서 오래 근무했다. 1850~1860년대 영국 공무원 제도의 개혁에 관한 정책 입안에 크게 기여했다 _ 옮긴이 주.

중·고교와 대학의 통상적 인문 교양 교육과정에서 습득한 '일반적'인 지적 능력을 평가하는 데 목적이 있다. 이러한 시험 제도의 결함에 대해 소설가 앤서니 트롤럽Anthony Trolloppe(1815~1882)은 소설『공무원 세 사람The Three Clerks』(1857)과『자서전Autobiography』(1883, 지은이 사후에 출판됨)에서 신랄하게 비판했다. 일반적인 교양 시험의 성적이 국가공무원으로서의 능력을 담보해 주는 것은 아니다. 언어, 수학, 자연과학 등 학과 지식 못지않게 실용적 응용력과 판단력도 중요하다. 이러한 관점에서 필기시험에 더해 공개적인 구술시험을 부과한다. 필기시험으로는 평가할 수 없는 능력을 테스트하기 위해 비중 높은 구술시험을 시행하는 것이다. 누구에게나 기회가 열린 공개경쟁 시험제도는 (주관식 필기시험의 채점과정에 수반될 수 있는 불공정성의 위험을 제거하고) 정실의 위험 없이 사회 각계각층의 능력 있는 인적자원을 수급받기에 최적의 제도다. 또 한편으로는 국가가 필요로 하는 특정 전문 분야 대신 중등학교와 대학의 보편적 교과과정에서 습득한 지식을 평가하는 것은 국가가 청소년의 정상적인 교육에 간섭하지 않는다는 의미도 있다. 만약 국가시험이 특정 분야에 집중되거나 특정한 형식을 선호하게 되면 불가피하게 학교 교육에 영향을 미칠 것이다.

둘째, 공무원의 능력과 일반적 수준을 결정하는 중요한 요소는 공무원이 준수해야 할 직업윤리다. 윤리 규정의 기본 원칙은 의회가 만든 법률에 규정되어 있고, 명령, 규칙 또는 각 부처에서 발부하는 업무 지시로 보충된다. 어떤 형태의 경제적 부패나 정치적(정당 편향적) 영향을 차단하기 위한 엄정한 규정이다. 윤리 규정은 단순한 종이 문서가 아니다. 적어도 의사협회나 변호사협회의 직업윤리 강령과 같은 수준으로 엄격하게 적용되는 규정이다. 영국 공무원은 엄정하게 정치적으로 중립이고 금전적 이해관계나 정당정치로부터 독립되어 있다. 이러한 중립성 때문에 사회적 사교와 생활에서 지나치게 유리되는 약점을 다른 요소로 보강해야만 한다. 공무원의 정체성은 자신이 속해왔고 계속적으로 속해야 할 공동체의 일반적 수준을 공유하는 데서 찾아야 할 운명이다. 공무원은 다른 직업에 종사하는 동년배들과 같은 고교와 대학에서 동일한 커리큘럼을 수강했다. 모교 및 동창생들과 지속적으로 교류하며 시대와 세상에 대한 생각과 가치관을 공유한다. 적지 않은 수의 공무원이 영국 문학사에 출중한 존재가 되었다. 매슈 아널드Matthew Arnold(1822~1888)[7]도 그중 하나다(그러나 결코 유일한 존재는 아님). 영국인의 삶 속에 내재된 동질성은 공무원이라는 별도의 계급을 창조하지 않았다. 영국의 법제도가 이러한 현상을 조장했다고 말

---

7   시인이자 평론가이며 오랫동안 장학관으로 복무했다. "매튜 아놀드(매슈 아널드)는 사회 비평가로 유명했었는데 당대를 속물주의, 즉 필리시티니즘 시대라고 매도하고 그리스 고전 문화를 부흥해서 전인격적 완성을 기해야 된다고 했다. 헬라식(式) 인격 완성이야말로 속물주의에서 영국을 구할 수 있다고 했다." 김성식,『김성식 정치평론: 쓴소리 곧은 소리』, 256~257쪽 _ 옮긴이 주.

할 수 있다. 영국에는 공무원의 공적 행위를 심판하는 별도의 행정 법원과 행정법이 존재하지 않는다.[8] 공무원도 지역사회의 일반 국민과 마찬가지로 직무상 행위에 대해 일반법에 따라 일반 법원의 재판을 받는다. 이러한 법적 동질성이 사회의 동질성을 촉진시키고 관료주의를 막는 데 기여한다고 말할 수 있다.[9]

그러나 앞서 살펴본 것처럼 관료주의의 위험을 우려하는 목소리도 높다. 그 우려는 특정 부류와 계급의 공무원, 이를테면 '고위 공직자 계급administrative class'을 염두에 두고 제기되는 것으로 보인다. 하원 의원 총수의 두 배에 달하는 약 1200명의 화이트홀 고위직들은 행정부의 각 부처에 근무하며 의회의 업무에 직접 관여한다. 이 계급에서 최고 직책은 모든 공무원의 정점에 서 있는 재

---

8 현재에는 프랑스의 행정법(droit administratif)의 싹으로 볼 수 있는 제도가 존재한다. 그러나 이들 싹은 일반 시민이 관련된 경우(가령 공중보건법과 관련된 사건 등) 행정법적 사안으로 인지(cognizance)하는 수준에 머무르고 있다 _ 지은이 주.

9 "영국 헌법학의 비조로 불리는 앨버트 벤 다이시는 영국 헌법의 가장 큰 특징으로 의회주권의 원칙과 함께 법의 지배의 원칙을 들었다. 그리고 법의 지배의 핵심 내용으로 첫째, 정부의 자의적 또는 재량적 권력 행사를 부정한다. 둘째, 모든 사람이 일반 법원(행정법원 등 특별한 법원이 아닌)에 의해 집행되는 국가의 일반 법률에 복종해야 한다. 셋째, 대륙법계 국가들과 대조적으로 법의 일반 원칙이나 헌법상의 커먼로 원칙은 국민의 권리 행사의 '결과'이지 그 근거가 아니다." 다이시, 『헌법학 입문』, 106~123쪽 _ 옮긴이 주.

무부 차관Permanent Secretary of Treasury이다. 그와 병렬적 지위에 다른 중요 부처의 차관들이 있고, 차관의 아래에 수직적 서열로 보좌진들이 포진해 있다. 각 부처 차관들은 경륜과 열정을 구비한 공무원들로 자신들의 철학을 의회 지도자들에게 전파한다. 그 결과 정책의 결정과 집행 간의 경계가 허물어진다. 그러나 비판자들이 문제 삼는 관료주의는 이런 것이 아니다. 비판의 핵심 요지는 현대의 행정부가 의회가 제정한 법률을 보충한다는 명분으로 명령과 규칙을 제정하면서 사실상 의회의 입법 기능을 잠식한다는 점이다. 또한 이들 행정 부처는 업무 집행 과정에서 발생하는, 의견이 대립하는 여러 쟁점에 대해 권위 있는 결정을 내린다는 점에서 사법기관의 역할을 수행하는 경향도 있다. 이러한 준準입법적·준사법적 행위는 각 부처의 의회 담당 차관의 이름으로 행해지나, 실제로는 이를 담당하는 하급 공무원 선에서 처리된다. 이렇게 보면 의회의 입법권과 법원의 사법권이 무소불위의 관료제의 침해를 받는 것으로 비친다. 그러나 앞서 살펴보았듯이 이는 허용할 수 있는 입법권과 사법권의 위임의 성격이 강하다. 모든 과정의 출발점과 종착점은 의회다. 비록 '간접적 통제indirect rule' 방식을 따르지만 엄연히 의회가 통제한다고 말할 수 있다. 의회의 통제를 받고, 의회 지도자의 명령에 복속하는 관료제는 관료제로 규정할 수 없다. 문제의 핵심은 가장 중요한 원칙이 준수되고 있는지 여부다. 즉, 국정의 '위대한 심사관The great inquest'인 의회가 항상 뒤에서 버티고 있는 한 원칙은 준수되는 것이다.

군대와 군 복무제

영국은 군 복무제 자체도, 제도의 배경이 되는 국정 철학도 유럽
대륙의 국가들과는 판이하다. 첫째, 섬나라의 자연스러운 특성이
듯이 해군이 공식 서열에 있어서나 대중적인 인기에 있어서나 우
위를 점한다. 강력한 해군을 보유한 행운이야말로 영국의 결정적
인 축복이다.[10] 둘째, 육군제에는 영국 역사의 특수한 경험이 투영
되어 있다. 국왕과의 금전 계약을 기초로 설치된 중앙정부의 상비
군standing army은 국민의 자유에 잠재적인 위험 조직에서 뺄 수 없
는 존재로 인식되었다. 그러나 민병대militia는 '목책 뒤에' 늘어져
하게 훈련으로 시간을 죽이는 놈팡이 집단에 불과했다. 대륙 국가
들은 18세기에서 19세기로 넘어가면서 국민개병제에 기초한 징병

---

10 같은 해양 국가지만 영국은 해군과 대양을 중심으로 발전한 반면에 일본은 육
    군과 대륙을 겨냥해 성장했다. 해군이 주도한 영국 제국주의는 다취다양(多趣
    多樣)하고 너그럽게 다스렸지만, 육군이 주도한 일본 제국주의는 획일주의를 지
    향했다. 영국은 과거 식민지 국가들과 영연방을 결성해 우호적인 관계를 유지
    할 수 있었으나 단일 정치체제를 지향한 일본은 통치 체제가 붕괴하면서 과거
    식민지 국가들과 절연했다 _ 옮긴이 주[김성식, 「다시 보는 태극기: 8·15 해방」,
    『(한국현대사 5) 광복을 찾아서』(1969)를 토대로 옮긴이가 작성함].

제를 채택했고 군대를 통할할 상설 사령부도 설치했다. 19세기 말에 들어서는 무장 국가가 대류 국가의 원형이 되었다. 그러나 영국은 국민개병제에는 관심을 두지 않고 해묵은 제도에 만족했다. 계약에 기초한 용병mercenary으로 충원된 중앙 상비군을 근간으로 하고 곡절을 겪으며 민병대를 보조 병력으로 삼았다. 1859년 크리미아Crimea 전쟁과 인도의 반란을 겪으며 지원병volunteer이라는 새로운 군대를 창설했다. 지원병은 민병대와 유사한 병력이지만 민병대처럼 법적 지위를 인정받은 것은 아니다.

전통적인 영국 육군은 리처드 버돈 홀데인 경Lord Richard Burdon Haldane, 1st Viscount Haldane(1856~1928)[11]이 전쟁부 장관(재임 1906~1912)을 할 때 이루어진 개혁으로 새로운 면모를 띠게 되었다. 새 제도 아래서 육군은 두 개 유형의 편제로 구성되었다. 첫째 유형은 현역 군인과 예비군을 아우르는 정규군이다. 이는 자발적으로 참여해 12년(현역 7년, 예비역 5년) 동안 국내 또는 해외에서 복무하는 직업군인이다. 둘째 유형은 지역 군대territorial army다. 이는 지원자로 구성된 비정규군으로 자신의 직업 활동을 하면서 약간의 군

11　철학자로 명성을 얻어 영국 한림원(British Academy) 회원에 선출되었으며, 독일의 사상가들을 깊이 탐구했다. 정치인으로서는 자유주의 성향의 제국주의자(Liberal Imperialist)로 출발해 나중에 노동당으로 전향했다. 전쟁부 장관으로 군 개혁안(Haldane Reforms)을 관철시켰고, 영국 최고의 관직인 로드 챈슬러(재임 1912~1915)를 지냈다 _ 옮긴이 주.

사훈련을 받는다. 영국은 기본적으로 이 제도로 제1차 세계대전을 치러냈다. 전쟁 중인 1916년 초에 제한된 범위의 징병제를 실시해 전력을 보강하기는 했다. 그리고 나서 곧바로 홀데인 경이 구상했던 원래의 패턴으로 복귀했다. 다만 전체 병력 규모는 크게 줄이지 않았다. 1914년 두 편제를 합친 영국 육군의 숫자는 71만 4000명 규모였고, 1938년엔 51만 8000명으로 조정되었다. 정규군이 33만 3000명이었고 이 중 21만 8000명이 현역이었는데, 11만 4000명은 국내에서 10만 4000명은 해외에서 근무했다. 해외 병력의 절반은 인도에서 복무했다. 예비군 총수는 11만 5000명에 달했다. 지역 군대와 신규 예비군 보충병은 18만 5000명이었다.

현재 진행 중인 전쟁이 발발하기 불과 반년 전인 1939년 5월 영국군의 편제에 근본적 변화가 일어났다. 군사훈련법Military Training Act 1939이 제정되어 평화 시에도 (물론 평화가 위협받고 있다는 전제 아래) 유럽 대륙 국가의 징병제와 유사한 제도가 도입되었다. 이 법에 따라 20세 이상 21세 이하의 모든 청년(연간 약 20만 명)은 6개월의 군사훈련을 이수해야 하며, 훈련을 마친 후에는 3년 6개월간 지역 군대나 정규군의 특별 예비군에 편입된다. 이제 영국의 군사 제도는 사실상 국민개병제가 된 것이다. 훈련 기간이나 복무 기간이 유럽 대륙 국가에 비해 짧기는 하지만 영국도 대륙 국가와 나란히 징병제 국가의 반열에 선 셈이다. 전쟁이 진행되면서 불가피하게 복무 기간이 연장되었지만 전쟁이 종결되면 원상 복귀될 것이다.

그러나 1939년 5월에 도입된 새로운 원칙과 관행은 사라지지 않을 것으로 보인다. 이 법의 제정을 노동당과 노동조합이 강력하게 반대했지만 지지 세력 또한 강력했고 앞으로도 그럴 것이다. 국제적 차원과 국내적 차원에서 공히 징병제를 지지하는 여론이 우세하다. 국제적 차원에서는 영국이 유럽 대륙 국가 수준의 군대를 보유해 유럽의 일원으로서 유럽의 연합국과 동맹국들에게 충분한 군사 지원을 제공하는 의무를 충실히 이행해야 한다는 주장이 강하다. 국내적 차원에서는 모든 계층의 국민이 함께 군사훈련에 참여함으로써 국가의 정체성과 국민의 동질성을 강화하고, 청년의 건강과 정신력을 단련할 수 있다는 논리가 설득력을 가진다. 아마도 장래에는 영속적인 군사훈련 체제를 갖추게 될 것으로 예상된다. 만약 미래 사회가 과거와 근본적으로 달라지지 않는다면 말이다.[12]

앞으로는 영국 육군에 혁명적인 변화가 수반될 것이고, 육군이 국방에서 차지하는 비중도 과거와는 근본적으로 달라질 것이다. 정규군만 해도 그동안 육군은 유급의 직업군인 병사와 퍼블릭스쿨 출신의 지휘관으로 구성되었지만 앞으로는 보다 광범하고 다양한 계층의 병사와 장교의 연합체로 면모를 일신할 것이다. 국가의 상비군을 경원시하던 과거의 관념에서 벗어나 (국민개병제를 바

---

12 물론 대안적 형식의 훈련 제도나 다양한 방식의 훈련 중 당사자에 선택권이 부여될 수도 있다(군사훈련과 더불어 노동 훈련이나 사회봉사 등) _ 지은이 주.

탕으로 한) 보편적 참정권과 민주주의의 원리에 조응하는 진정한 국민 군대에 대한 확신을 심어주어야 할 것이다. 우리가 이러한 변화를 이룩할 수 있다면 우리는 악을 제거하고 선을 현창해 국민의 일상에 보다 넓고 튼튼한 토대를 구축할 수 있을 것이다.[13]

지방정부와 지방행정

역사적으로 살펴볼 때 영국에서 전국 차원의 자치 정부의 연원은 지방자치에서 찾을 수 있을 것이다. 의회가 설립되고 의회주권이 확립된 것도 따지고 보면 의원을 선출하는 카운티와 자치군이 자치에 대한 열망과 지혜를 터득했기 때문이라고 볼 수 있다. 영국 지방자치의 면모는 종래의 자치군을 개혁한 1835년 지방자치단체법Municipal Corporations Act 1835과 그 후 한 세기에 걸친 카운티와 자치군의 통합 개혁을 마무리한 1933년 지방자치단체법Local Government Act 1933이 제정되는 기간 동안 획기적인 변화를 겪었다. 그러한 변화의 결과 전반적으로 지방정부의 자유와 자율이 강화되었다. 지방의 자유와 자율의 이상은 국가적 차원의 자유보다 연조가

---

13 본문에서 공군은 명시적으로 언급되지 않았지만 그렇다고 망각된 것은 아니다. 새로 탄생한 하늘의 부대는 영국의 영공을 지키는 든든한 방패가 될 것이다 _ 지은이 주.

깊어 지역민의 끊임없는 애착과 열정을 담아내고 있다.

영국의 지방정부 제도를 이해하기 위해서는 많은 나라가 채택하고 있는 프랑스의 지방정부 제도와 비교해 보는 것이 유익하다. 영국에서 가장 기본적이고도 활동적인 정치 주체는 웨스트민스터 의회의 축소판에 해당하는 선출된 지방의회다. 이 기관이 지역 정책을 결정하고, 따라서 정책을 결정하고 '조종'한다는 의미에서 사실상 지방정부라고 부를 수 있다. 정부 기관으로서 조례와 자치법규를 제정하고, 조세를 부과하며, 세부적이고도 전문적인 서비스를 제공할 지방공무원을 임명한다. 다른 한편으로는 어디까지나 '지방'의 정부 기관이기에 나라 전체의 제도에 조응하려면 중앙의 통제를 받을 수밖에 없다. 결과적으로 지방정부는 의회와 중앙정부의 이중 통제에 복속해야 한다. 의회는 지방정부의 권한과 업무 내용을 규제해 언제라도 세부적 변경을 가할 수 있으며, 중앙정부와 중앙 공무원은 국세 수입에서 지방 교부금을 배정할 권한에 더해 업무에 대한 포괄적인 감사권도 보유한다. 이것이 영국 제도의 골간이다.

반면 프랑스의 제도는 다른 원칙에 기초한다. 즉, 지방 정책의 기본 골격을 결정하고 주도하는 것은 중앙정부다. 이러한 대원칙에 기초해 중앙정부와 중앙 공무원의 관점에서 지방정부의 정책이 결정된다. 달리 말하면 정책의 결정은 지방정부의 권한 밖이다.

중앙정부, 그중에서도 내무부Ministry of Interior는 지방 정책의 방항을 수립한다. 그리고 지방관이라는 중앙정부의 대리인을 통해 90개의 부서와 이를 세분한 3만 8000개의 코뮌commune의 업무를 통제한다. 이들 세부 행정단위는 종국적으로 중앙에서 임명한 지방관의 지휘와 그를 지휘하는 중앙정부의 통제에 복속한다. 또 한편으로는 지역에서 선출된 대표가 결정한 정책이 중앙정부의 통제에 의한 조율 과정을 거치듯이 중앙정부가 입안한 정책도 지역에서 선출된 부서의 평위원회나 코뮌 회의의 참여 아래 조율 과정을 거친다. 그러나 유념할 사실은 프랑스에서 정책의 입안은 어디까지나 중앙정부가 우선이고 지역 대표자의 참여는 부수적이라는 사실이다.

이제 영국 지방자치제의 발전 과정을 살펴보자. 18세기에는 아직 선출된 지역 대표자가 존재하지 않았고, 전문적인 행정 직원도 거의 없는 아마추어 지방행정이었다. 자치군 차원의 지방정부는 소수의 지역 유지로 구성된 과두제 지역의회부터 보다 광범하고 민주적인 의회에 이르기까지 다양한 모습을 띠었다. 카운티와 샤이어shire[14]에는 대체로 귀족적 성격의 치안판사Justice of Peace에게 권한이 집중되어 있었다. 지역 토호가 해당 주의 감리관Lord Lieu-

---

14 영국에서 주(州) 단위의 지명에 쓰이는 단어로 공식 행정 명칭은 카운티(county)다. 랭커서(Lancashire)주, 요크서(Yorkshire)주, 체서(Cheshire)주 등의 표현에 흔적이 남아 있다 _ 옮긴이 주.

tenant of Shire의 추천을 받아 국왕에 의해 임명되는 직책인 치안판사는 지역 법원(일명 사계법원四季法院, quarter session)의 장과 지방의회 의원을 겸한다. 오늘날의 기준으로 보면 입법·행정·사법권을 함께 행사하는 직책이다.

치안판사에 대한 통제가 있다면 그것은 중앙정부 차원의 통제가 결코 아니다. 중앙의 행정 직원의 통제는 더더구나 아니다(그런 직책이 과연 존재하는지도 의문임). 통제는 주로 중앙정부 차원의 의회와 법원의 몫이다. 의회는 법률을 통해 지방행정에 관한 특정 사항을 강제하거나 규율한다. 법원은 지방의 권한을 의회가 제정한 법률과 코먼로의 범위 내에 묶어두는 역할을 맡는다. 한마디로 영국은 지방자치의 천국이었다. 근래 들어 더욱 강조되는 '균형헌법 balance of constitution'의 원리가 준수된 셈이다. 중앙과 지방이 거의 대등한 조건으로 협치함으로써 중앙집권 국가의 폐해와 위험을 예방한다.

1835년에서 1933년 사이에 이러한 전통에 급격하고도 본질적인 개혁이 일어났다. 개혁의 내용은 잉글랜드와 웨일스 지역에 한정해 논의한다. (스코틀랜드의 경우도 큰 차이는 없지만) 엄밀한 의미에서 지방자치는 잉글랜드에 고유한 전통이다.

개혁의 결과는 크게 세 가지로 요약된다. 첫째, 지방행정의 민주화를 위한 개혁이다. 둘째, 지방정부의 권한과 기능을 명확하게 규정하는 개혁이다. 셋째, 지방정부와 중앙정부의 관계에 관한 상세한 세칙을 정립한 개혁이다.

첫째, 지방정부 기관들의 개혁에는 오랜 시일에 걸쳐 복잡한 과정이 소요되었다. 반세기가 넘도록(1835~1888년) 잉글랜드는 지역 단위마다 별도의 특설ad hoc 기관을 설치해 해당 기관이 기존의 지역 단위를 넘어서는 문제까지 관장케 하는 기이한 정책을 실시했다. 1888년 지방자치단체법Local Government Act 1888의 제정으로 과거의 치안판사를 대체해 포괄적인 권한을 가진 민주적인 카운티 의회county council가 설립되면서 서광이 비치기 시작했고, 근래 들어 몇몇 개별 기관이 추가되며 그 빛에 점차 조도가 더해졌다. 현재 잉글랜드와 웨일스에는 모두 62개의 '행정 카운티administrative county'가 설치되어 '지리적 카운티geographical county'의 숫자를 능가한다(행정상 필요에 따라 일부 지리적 카운티는 보다 세분된 하부 단위로 나뉘었음). 각 카운티에는 일반투표로 선출된 의회가 구성된다. 카운티 선거는 국회의원 선거와 별도로 실시되며 국회의원 선거구에 비해 지역이 넓은 것이 상례다. 카운티와 동렬에 83개의 카운티 자치군county borough[15]이 있다. 각 자치군에는 선출된 시의회 또는 지역 의회municipal council가 설치되는데, 이들 의회는 카운티와는 별개로 설치되고 독립적으로 활동한다. 카운티의 하부에

---

15   인구 5만 명 이상의 읍으로 카운티와 동격인 지방자치단체다. 1974년에 폐지되었다 _ 옮긴이 주.

(그러나 법적으로는 동격의 지위에) 250여 개의 지역 자치군municipal borough이 존재한다. 이들 단위에도 선출된 의회가 구성된다.

마찬가지로 카운티의 하부에도 카운티의 감독 아래 위임한 업무를 취급하는 분구district들이 있다. 도시 분구urban district(이들 중 상당수는 곧 자치군으로 승격될 예비 단계에 있는 타운의 성격을 보유함)가 800여 개 있고, 650개의 농촌 분구rural district에는 분구 의회가 있다.

이상에서 일별했듯이 영국 지방정치의 기본적인 모습은 수평적이다. 즉, 카운티와 카운티 자치군은 서로 동격이고, 지역 자치군은 카운티나 카운티 자치군과 거의 동격이며, 도시 분구도 대체로 지역 자치군과 동격의 지위에 선다.[16] 이러한 양상을 도표로 그리면 수평에 가까운 미끄럼틀 형상으로 경사는 중간 지점에서 시작한다. 그리고 그 경사도 완만해 거의 수직에 가까운 프랑스의 제도와는 확연하게 차이가 난다. 프랑스의 지방행정조직은 피라미드의 정점에 있는 중앙정부 부처에서 맨 아래의 코뮌에 이르기까지 수직 행렬이다. 마르세유Marseille같은 대도시도 규모가 1000분의

---

16 이를 도표로 그리면 다음과 같은 모습이 된다 _ 지은이 주.

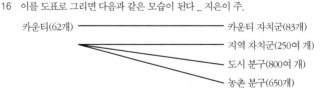

1에 불과한 작은 코뮌과 법적으로 동렬에 서 있다.

영국의 지방정부 조직을 설명하면서 두 가지 사실을 덧붙일 필요가 있다. 지방의회council 의원은 선거로 뽑는데 후보는 대체로 전국적 정당의 공천을 받는다. 전국 규모의 정당이 지방정치에 관여하는 것이 바람직한지 여부가 한때 논란이 되었으나 이제 논쟁의 실익이 없게 되었다. 주목을 요하는 보다 중요한 사실은 선출된 의원들이 기능functional별 분과 위원회에 배정되어 업무를 수행하면서 특별한 자격에 따라 위촉된 (비선출) 위원들과 함께 일한다는 사실이다. 이들 비선출 위원은 대체로 정당의 의석에 비례해 위촉된다. 이들 기능별 분과 위원회는 핵심적 정책 결정 기구로 회의에는 해당 업무를 담당하는 지방행정 공무원이 함께 참석한다. 이들은 협력해 정책을 초안해 전원 위원회에 보고하면 전원 위원회는 대체로 보고를 수용해 의회의 최종 결정으로 받아들인다. 이렇듯 지방정부의 조직과 운영은 중앙정부의 내각 제도와는 근본적으로 다르다. 각각 장점이 있지만 지방행정 차원에서는 상임 분과 위원회 제도가 이점이 많은 것이 사실이다.

둘째, 이제 지방정부의 권한과 기능 문제를 1835년 이후 진행되어 온 점진적 개혁에 초점을 맞추어 관찰한다. 주제별로 이를 처리할 특설 기관의 홍수가 야기했던 혼란에서 점차 벗어나 중요한 단일 기관이 해당 지역의 업무를 통괄하는 통합적integral 지방정부 시스템으로 전환해 왔다. 1888년에 카운티 의회는 과거 치안판사가 보유했던 권한과 특설 기관의 권한 일부를 합친 제한된 권한으로 출발했다. 1902년에는 (매우 강한) 지방 교육의 통제권을 확보하고, 1929년에는 (과거에 빈민 구제poor relief로 불렸던) 공적부조의 통제권을 확보했다. (카운티·지역) 자치군들도 속도와 정도의 차이는 있지만 마찬가지 길을 걸어왔다. 통합 지방행정 제도에 따라 지방 기관은 육로 수송, 경찰, 공중 보건, 교육(공공 도서관과 박물관을 포함함), 공적부조, 그리고 이에 더해 주택, 가스, 수도, 전기 등 공공서비스의 공급을 주도적으로 결정할 권한을 보유한다. 이렇듯 지방 정책의 범위는 광범하다. 진보적 지방정부는 주민의 신체와 정신 건강 그리고 지역사회 전체의 복지 증진을 도모하는 정책을 펼 수 있다.

셋째, 사정이 이러하기 때문에 중앙정부와 지방정부 사이에 어떤 관계를 정립하는지가 중요한 의제로 떠오르게 되고 현재의 상황을 재점검할 필요가 제기되는 것이다. 중앙정부는 낙후된 지방의 사기를 진작시킬 의무가 있다. 또한 독선적인 지방정부를 견제할 의무도 있다. 어떻게 하면 이 의무를 원활하게 이행할 수 있을까? 선출된 지방의회와 지방공무원, 그리고 중앙행정 부서와 중앙공무원 사이에 소통과 협력 체제를 구축해야만 할 것이다. 그 체제는 영국에서는 의회의 지방 '교부금' 형식으로 구축되어 있다. 즉, 의회가 공적 자금에서 보조금subvention의 형식으로 지방정부의 재정을 지원하되, 지원한 자금의 집행을 감독할 권한을 행사하는 조건을 부가하는 것이다. 이를테면 중앙정부가 지방정부를 감사, 조사, 건의, 비판할 복합적인 감독권을 돈으로 '매입bought'한 셈이다. 그러나 이러한 감독권의 성격은 '통제'라기보다는 '협력'이라는 편이 더욱 적절한 표현이다. 영국의 제도 아래서 중앙정부와 지방정부는 파트너 관계에 선다. 형님 격인 중앙정부는 의회에 대해 책임을 지는 행정공무원에 의해 집행되고, 아우 격인 지방정부는 선출된 지방의회가 임명한 지방공무원을 통해 업무를 집행한다.[17] 수직적인 명령과 복종의 관계가 아니라 수평적 파트너 관계라는 것이 제도의 핵심이다. 그리하여 중앙정부의 포괄적인 지휘 아래 다양한 별도의 지방행정 기구들이 입안한 정책들을 종합해 최종적인 차원에서 표준화와 개별화를 결정하는 것이다. 항시 유념해야 할 점은 영국의 중앙정부는 (아주 예외적으로 행정이 전면적으로 마비된 경우를 제외하고는) 대리인을 통해 지방정부의 업무를 지배하지 않는다는 대원칙이다. 선출된 지방의회의 주도 아래 지방정부가 집행한 행위를 중앙정부는 사후에 재검토할 뿐이다.

어떠한 정치체제 아래서라도, 그리고 지방정부에 아무리 광범한 자율권이 주어진다고 해도 중앙정부에 의한 통제가 전혀 없을

---

17 지방의회는 의회인 동시에 행정부다. 그런 의미에서 지방정부는 선출된 기관 '속에(in)' 위치한다고 말할 수 있다. 반면 중앙 차원의 행정부는 (비록 기관의 수장은 의회의 의원이지만) 의회와는 별도 기관으로 의회를 '대신해(on behalf of)' 업무를 수행한다 _ 지은이 주.

수는 없다. 미국에서 중앙정부의 통제는 18세기 영국에서처럼 (판사에 의한 사후 통제를 제외하고) 입법부가 맡는다. 이러한 유형의 제도 아래서는 입법부의 부담이 가중되어 지방정부에 대한 통제가 세부 규율을 통해 더욱 엄격하고 정형화된다. 프랑스에서는 지방정부에 대한 중앙의 통제가 행정적인 성격을 띠어 사실상 지방정부의 자율성을 배제하고 세부 사항에 이르기까지 중앙정부의 대리인인 공무원이 지방 정책의 입안과 집행을 통제한다. 영국의 제도는 양자의 절충형으로 입법적 통제와 행정적 통제를 병행한다. 의회가 제공하는 교부금이 통제의 근거와 수단이 된다는 의미에서 입법적 통제가 시행된다. 이렇게 교부금에 기초한 정책을 중앙 행정부가 관리를 통해 감사, 감독, 제안, 비판 등의 방법으로 통제한다는 의미에서 행정적 통제를 시행한다. 이러한 절충형 제도의 장점은 순수한 행정적 통제보다 지방행정기관에 더 우호적이며, 순수한 입법적 통제에 비해 각 지역의 특성에 맞춘 신축적인 변용이 가능하다는 것이다. 입법부는 지방자치기관에 교부금을 지급하고, 행정부는 이러한 교부금이 실제로 집행되는 과정을 감시하며 구체적인 상황에 맞는 신축성 있는 집행을 허용하는, 이를테면 표준화를 추구하면서도 특정한 사안에 따라 속도를 재촉하거나 지연을 인내하는 유연한 제도인 것이다.

제4장

—

잉글랜드의 법제도

잉글랜드법의 생성

잉글랜드 사람들은 때때로 '브리티시British'라는 관형사 대신에 '잉글리시English'라는 단어를 포괄적인 의미로 사용해 스코틀랜드 사람들의 자존심을 건드리고는 한다. 그러나 '잉글랜드법'을 거론하는 것은 스코틀랜드 사람들에게 모욕이 아니다. '브리튼법'이란 것은 애당초 존재하지 않기 때문이다. 많은 관점에서 잉글랜드법과 유사하지만 스코틀랜드는 독자적인 법체계와 법제도를 보유하고 있다.[1] 그러므로 여기에서 잉글랜드의 법과 법제도를 논의하는

---

1   그러나 잉글랜드와 스코틀랜드의 차이는 결코 과장해서는 안 된다. 첫째, 법원의 구성 원리와 법절차가 다르고, 둘째, 형사법의 세칙이 다르며, 셋째, 민사사

것은 스코틀랜드 사람에게 불의가 아니라 정의에 합당한 일이다.

좁게는 잉글랜드 지역의 법제를 잉글랜드 법제도라고 부르지만, 시야를 넓혀보면 잉글랜드 법제도는 광범하고도 포괄적이다. 일반적으로 세계는 두 개의 법제로 나뉘어 있다고들 한다. 하나는 고대 로마에서 유래했고 나머지 하나는 잉글랜드가 원조다. 로마법은 기원전 450년 십이동판법의 시행과 기원후 550년 유스티아니우스Justinianus법전이 제정된 사이의 1000년 동안 발전시킨 위대한 제도로, 대부분의 근대 유럽 대륙의 나라가 수용했다. 프랑스와 이탈리아뿐만 아니라 독일과 네덜란드에도 확산되었다. 오늘날에는 네덜란드 통치하의 남아프리카, 캐나다의 프랑스어 사용권, 미국의 루이지애나주가 로마법 체계 아래에 들어가 있다. 한편 잉글랜드는 12세기 헨리 2세Henry II(재위 1154~1189) 때부터 잉글랜드 전역에 걸쳐 공통적으로 적용될, 즉 코먼로를 생성시켰고 지금 이 순간에도 여전히 생성하는 중에 있다.[2] 잉글랜드법은 영어와 함께

건에서 재산법이 다르고 계약법의 일부 (중요한) 세칙과 불법행위법의 일부 세칙에서 차이가 난다. 반면 대부분의 법리는 두 지역에 공통적으로 적용된다. 회사법, 조합법, 더 나아가 상거래에 관한 일반법은 한 치의 오차도 없이 동일하다. 게다가 산업재해보상법(Workmen's Compensation Acts)과 같은 중요한 법률들도 용어만 스코틀랜드 용법에 맞추어 조정해 적용된다 _ 지은이 주.

2 "모든 제도가 국민화·사회화되어야 한다. 영국의 경우 보통법(커먼로)은 국민화된 법이요, 어느 특수 계층을 위한 법은 아니다. 왕도 보통법 아래의 왕이지 그 이상의 존재는 아니다. 왕으로부터 일반 서민에 이르기까지 보통법의 통치

새로운 땅에 이식되었다. 한때 영국의 식민지였던 미국은 아직도 잉글랜드의 법제를 고수하고 있고, 대영제국의 여러 식민지와 자치령에도 잉글랜드법이 확산되었다. 인도도 마찬가지다.

법의 관점에서 볼 때 로마법과 잉글랜드법은 둘 다 보편성이라는 공통점을 가진다. 확산성에 있어서뿐만 아니라 실체에 있어서도 그렇다. 양자 사이에 큰 차이가 있는 것도 사실이다. 가령 로마법은 전통적으로 국가와 '국왕'에 비중을 두고 국왕에 고유한 '대권 prerogative'을 존중하는 반면에 잉글랜드법은 '신민臣民, subject의 자유'를 존중하고 그 자유에 내재하는 권리를 보장하는 데 더욱 깊은 관심을 쏟는다. 그러나 로마법과 잉글랜드법 모두 대체로 법원과 법원을 뒷받침하는 법률가 집단이 만들며, 양자 모두 형성 과정에 집단적 지혜가 동원된다.

흔히들 입법부가 법을 제정한다고 믿기 십상이다. 의회가 법률 statute이라 불리는 법의 일부를 제정할 배타적인 권한을 보유한 것은 사실이다. 그러나 이에 더해 두 가지 사실을 유념해야 한다. 첫째, 의회는 1832년 정치개혁법이 제정되기 전에는 주된 입법기관의 역할을 맡지 않았다는 것이 역사적 사실이다. 1832년 법의 제

를 받고 있으니 불평과 불만이 있을 수 없다. 그 밖에 의회 제도도 국민화되어 있기 때문에 어느 집권자라도 마음대로 조종할 수 없는 제도다." 김성식, 『김성식 정치평론: 쓴소리 곧은 소리』, 298쪽 _ 옮긴이 주.

정으로 비로소 입법기관으로서 의회의 신기원이 열린 것이다. 물론 그 전에도 적어도 13세기부터 이따금씩 의회가 법률을 제정한 것은 사실이다. 그러나 아주 드물고 간헐적으로 법률을 제정한 데 불과했으며, 의회가 상시적인 활동을 시작한 것은 19세기에 들어서야 비롯된 일이다.

보다 중요한 두 번째 사실은 의회가 제정한 법률은 잉글랜드법 전체에서 아주 작은 일부에 지나지 않는다는 것이다. 이 점에 대해서는 뒤에서 상세히 다룰 것이다. 여기에서는 잉글랜드법의 대종은 '판사가 만든 법judge made law'이라는 사실만을 강조해 둔다. 판사는 재판을 하며 법률가들의 지원 아래 판례라는 법을 만든다. 지금 이 순간에도 쉼 없이 만들어내고 있다. 흥미로운 역사적 사실은 의회도 본래는 법원이었다는 것이다. 영국 표준기도서English Book of Common Prayer에 규정된 바대로라면 의회에 제출하는 청원서는 수신자를 최고법원의회High Court of Parliament로 기재해야만 한다. 지금 이 순간에도 잉글랜드의 법제 아래서 의회의 한 원, 즉 상원이 최종심을 재판하는 최고법원의 역할을 한다.[3][4]

---

3   실제로 법원으로서의 상원은 로드 챈슬러의 주재 아래 7명의 법경으로 구성된다. 이들은 모두 상급법원의 판사직을 보유하고 있다. 1934년 이후로는 상원에 당연히 상고할 수 있는 이른바 '권리상고' 제도가 없어지고 상원의 사건 허가가 있어야만 상고할 수 있다. 그렇다고 해서 실제로 상고 사건이 급격하게 줄어든 것은 아니다. 그러나 이전처럼 걸핏하면 당사자가 '상원에 상고하겠다'는 위협

잉글랜드에서 법이 제정되는 과정을 이해하기 위해서는 법원과 판사를 연구해야만 한다. 앞으로 알게 되겠지만 그보다 심층적인 관찰이 필요하다. 재판을 수행하는 판사가 판단을 내릴 자료를 제공하는 법조 집단에 대한 연구가 필수적이다.

법률가 직업

   오래전부터 잉글랜드의 법률가 직업은 특이한 양상을 보였고 현재도 마찬가지다. 변호사라는 직업은 직접 의뢰인과 상담해 재판을 준비하는 사무변호사solicitor와 법정에서 변론을 수행하는 법정변호사barrister의 두 직역으로 나뉘어 있다. 두 직역은 서로 공조해 재판을 수행하지만, 변호사 직역이 둘로 나뉘어 있다는 사실 자체가 중요한 의미를 지닌다. 둘 중 상위 직책으로 볼 수 있는 법정변호사는 전문 지식과 사회적 명성에서 압도적 지위를 누리는 엘리트 집단이다. 법정변호사는 중세 시대에 이미 법학원Inns of Court이라고 불리는 자율적 조직을 구성했다. 이른바 4대 법학원인 이너템플Inner Temple, 미들템플Middle Temple, 링컨스인Loncoln's Inn, 그

   을 할 수 없게 되었다 _ 지은이 주.

4   오랜 논의 끝에 영국에서도 2009년 대법원(Supreme Court)이 설치되면서 최고 법원으로서 상원의 역할은 폐지되었다 _ 옮긴이 주.

레이스인Gray's Inn은 모두 독자적인 건물, 교회, 도서관, 사무실, 숙소를 보유한다. 이들 법학원을 합쳐 법정변호사의 총합인 법조협회Bar라고 부른다. 법조협회는 회원들에게 강력한 권한을 행사한다. 첫째, 협회는 법학교육분과위원회Council of Legal Education를 통해 회원 자격을 갖추어 협회에 '초청받는called' 데 필요한 법률 수련의 성격을 규정하고 시험 과목과 내용을 결정한다. 둘째, 협회 총회General Council of the Bar를 구성해 회원이 업무상 준수해야 할 윤리 강령을 제정하고 이를 위반하는 회원을 '퇴출disbar'하는 등 징계처분을 내린다. 법조협회의 의견은 판사의 임명(실제 임명은 정부의 몫임) 과정에서 중요한 요인으로 작용한다. 모든 판사는 현역 법정변호사 중에서 임명되기 때문에 더욱 그렇다. 나아가 협회의 의견은 판사가 제정하는 법의 형성에 심대한 영향을 미친다.

명망 높은 법정변호사의 법정 변론은 제기된 새로운 법률 쟁점을 판사가 판단하는 데 있어 결정적인 참조 자료가 되고, 판결에 반영되어 후속 법원의 판결을 구속하는 선판례가 될 수 있다. 판사 자신이 법정변호사 출신이기에 항상 협회와 밀접한 친교를 유지한다. 판사들은 법학원의 상급 회원인 동시에 법학교육분과위원회 위원으로 복무한다.

판사가 법조협회의 조력을 받듯이 법조협회 또한 판사의 조력을 받는다. 법정 절차를 규율하는 규칙을 제정할 권한이 판사와 법정변호사(사무변호사를 포함함)를 포괄하는 위원회에 있다는 사실

은 의미심장하다. 협회는 잉글랜드의 법학 교육과 법 제정 기관의 일부, 그것도 중요한 일부다. 그뿐만 아니라 법정변호사는 사회적·정치적으로 고위 직책도 맡는다. 전부는 아니지만 많은 법정변호사가 물질적 성공을 이룬다. 연간 수입이 몇만 파운드에 달하는 변호사도 있다. 일부 명문가 자제들은 법정변호사로 출발해 판사가 되고 이어서 귀족원(상원) 의원으로 작위를 수여받기도 한다. 성공한 법정변호사에게 주어지는 경제적·사회적 보상은 높다. 그만큼 이들에게 기대하는 업무 능력과 서비스의 수준도 높다. 이들에게 주어지는 보상은 고액의 수입과 높은 사회적 지위에 한정되지 않는다. 성공한 법정변호사들은 많이들 정치에도 입문한다. 다수가 하원에 선출되고 장관으로 입각한다. 영국 정치에서 변호사(특히 법정변호사)의 비중이 높은 것은 매우 주목할 만한 오랜 전통이다. 특수한 예와 일반적인 예를 각각 하나씩 들어보자.

특수한 예는 로드 챈슬러Lord High Chancellor of Great Britain라는 직책이다. 이 직책은 사법부의 수장인 동시에 행정부 내에서도 비중 높은 자리다. 잉글랜드에는 정무직으로서의 법무부 장관Minister of Justice이라는 직책이 존재하지 않는다.[5] 우리는 정치인을 사법행

---

5   상원 의장과 사법부 수장으로서의 로드 챈슬러 역할은 2003년 폐지되었다. 2005년 헌법개혁법(Constitutional Reform Act 2005)으로 새로 설치된 대법원(Supreme Court)의 장인 대법원장(Lord Chief Justice)이 사법 업무를 총괄하고, 2007년 설치된 법무부 장관(Secretary of State for Justice)은 법무행정을 총괄한다 _ 옮긴

정의 수장으로 선택하지 않는다. 반대로 법률가를 각료 자리에 보내 일시적으로 정치인 역할을 하게 만든다.[6] 로드 챈슬러는 (잉글랜드와 웨일스) 두 개 법원의 수장을 겸임하면서 동시에 법관의 임명권을 보유한 장관 직책을 수행한다. 이에 그치지 않고 사법적 권한과 함께 입법부에서도 권한을 행사한다. 또한 로드 챈슬러는 상원 의장직을 수행한다.[7] 내각 일원으로서 챈슬러의 권한은 그저 법적 권한에만 한정되지 않는다. 정치적 권한 또한 막중하다. 내각의 엄연한 정식 멤버로 정책 토론에서 최대의 발언권을 행사한다. 챈슬러는 때때로 중요한 국사의 책임자를 맡기도 한다. 이를테면 존 생키 경Lord John Sankey, 1st Viscount Sankey (1866~1948)[8]은 로

이 주.

6 내각에는 최대 세 명의 챈슬러가 있을 수 있다. 그러나 전쟁 시를 제외하고는 항상 두 명만 재직했다. 로드 챈슬러와 재무 챈슬러(Chancellor of the Exchequer), 즉 법무부 장관과 재무부 장관이다. 세 번째 챈슬러는 랭커스터 공작령 챈슬러 (Chancellor of Duchy of Lancaster)다. 이 직책은 랭커스터 공작의 지위를 보유한 국왕의 권리를 지키는 명목상의 무임소 챈슬러다 _ 지은이 주.

7 상원 의장 자격으로 로드 챈슬러는 등받이나 팔걸이가 없는 사각의 '양모 방석 (the wool-sack)' 위에 앉는다. 초기 영국에서 양모 산업의 비중을 가늠케 하는 전통이다 _ 지은이 주.

8 판사이자 노동당 정치인으로 로드 챈슬러(재임 1929~1935)를 지냈다. '생키 인권선언(1940)의 초안자(Sankey Declaration of the Rights of Man)'로 유명하다 _ 옮긴이 주.

드 챈슬러 재직 시 인도정부조직법Government of India Bill을 입안하는 책임을 맡았다.[9] 로드 챈슬러가 잉글랜드의 법과 정치체제에서 포괄적인 지위를 보유한다는 사실은 잉글랜드인의 일상에서 법률가 집단과 정치와의 상관관계를 추론하는 데 유익하다.

보다 포괄적인 차원에서 법과 정치의 상관관계는 하원에서 법률가들이 맡은 역할에서 드러난다. 이미 14세기에 의회에 법률가가 너무 많다는 불평이 제기되었다. 이들은 자신들의 사적 이익과 법률가의 집단 이익을 추구하는 데 의회를 십분 이용했다. 그래서 1404년에 국왕은 법률가의 참여가 배제된 '소인素人 의회unlearned parliament'를 소집하기도 했다. 그러나 법률가, 특히 법정변호사들은 지속적으로 의회에 의석을 확보했기에 변호사라는 직업은 정치 입문을 위해 용이한, 일종의 공인된 징검다리였다. 영국 연대기에 기록된 위대한 정치가 중에 무수히 많은 법률가를 확인할 수 있다. 근래의 인물만 해도 레이먼드 허버트 애스퀴스Raymond Herbert Asquith(1878~1916),[10] 리처드 버돈 홀데인, 프레더릭 에드윈 스미스 Frederick Edwin Smith(후일 버컨헤드 경Lord Birkenhead, 1872~1930),[11]

---

9   구체적으로 1931년 인도정부조직법(Government of India Act 1931)이다 _ 옮긴이 주.

10   허버트 헨리 애스퀴스(Herbert Henry Asquith, 1852~1928) 수상(재임 1908~1916)의 장남이다. 제1차 세계대전 중에 전사했다. 옥스퍼드 대학교 교수로 비전통적 지식인 모임인 코테리(Coterie) 회원이기도 했다 _ 옮긴이 주.

존 올스브룩 사이먼John Allsebrook Simon(1873~1954)[12] 등 쟁쟁한 법률가들이 있다.

종종 대륙 국가에서는 영국은 법률가들이 정치를 주도하기에 중요한 국사가 법규주의적legalistic 결과를 초래하기 십상이라고 불평한다. 특히 외교정책에서도 정치가보다는 법률가, 그중에서도 민완한 변호사처럼 접근하는 성향을 보인다고 비판한다. 그들이 그렇게 말할 만한 충분한 이유가 있다. 그러나 다른 측면도 있다. 영국 정치에서 법률가의 비중이 높은 것은 나름대로 긍정적인 측면이 있다.

국내문제와 대외적 문제, 양자에 걸쳐 법률가적 발상은 장점이 많다. 국내문제에 있어 법적 접근은 국정의 대원칙이다. 국가 자체가 본질적으로 법적 조직이다. 따라서 국가의 작동이 법 원칙(명확하게 정립되고 현실적으로 적용되는 법적 원칙)을 따르는 것은 너무나 자명한 이치다. 법 원칙이 현실적으로 집행이 가능할 때만 국가 행위가 발동된다. 법률가는 사안의 본질을 파악하는 능력의 소유자다. 법률가는 대중 정서에 휩쓸린 나머지 현실적으로 구현할 수

---

11 보수당 정치인으로 로드 챈슬러를 지냈다. 아일랜드 독립에 반대했다. 윈스턴 처칠의 측근이자 정치적 동료로 유명하다 _ 옮긴이 주.

12 자유당 의원으로 내무부 장관, 외무부 장관, 재무부 장관 등을 역임했다 _ 옮긴이 주.

없는 법률들의 제정에 앞장서기 십상인 정치가들의 분별없는 열정으로부터 국민을 지켜낸다.

법률가는 법규가 법의 경계를 넘어 도덕과 개인적 취향의 영역으로 추락하지 않도록 방지한다. 가령 특정 법률이 아무리 입법 의도가 좋더라도 현실적으로 시행하기 불가능할 정도의 과잉 금지를 시도하는 것을 막아낸다. 삶의 현장에 살고 있는 법률가는 실제로 법이 어떻게 작동하는지, 법의 한계가 무엇인지를 깨닫고 어떻게 하면 법을 살아 있는 규범으로 만들지에 대한 건건한 리얼리즘을 깨치고 있다. 속성이 이렇기에 법률가는 보수적인 성향을 띠기 십상이다. 그러나 법률가의 보수성은 반드시 필요한 시대의 소금이 된다.

예측하기 힘든 상황에서 신속한 대처가 필요한 외교와 대외 정책의 영역에서는 법률가의 역할이 상당히 축소될 것으로 생각할 수 있다. 그러나 휴고 그로티우스Hugo Grotius(1583~1645)[13] 시대부터, 아니 그 전부터 국제법의 생성을 주도해 온 이는 다름 아닌 법률가들이었다. 각종 국제조약 문구의 의미를 해석하고 집행하는 세칙을 정립하는 일도 다름 아닌 법률가의 역할이다. 20세기에 들

---

13 네덜란드의 외교관, 인문학자, 신학자, 법률가로 '국제법의 아버지'로 불린다. 개별 국가의 법을 초월하는 자연법(natural law)으로서의 국제법의 성격을 강조했다 _ 옮긴이 주.

어와, 특히 1919년 이래로 국제 관계가 무력 대신 법에 따라 결정되게끔 노력을 경주하는 상황에서는 법률가의 조력이 더욱 절실하게 요청된다. 국내문제는 물론이고 국제 문제에서 법률가 출신 정치인을 경원할 이유가 없다. 오히려 크게 환영할 일이다. 풍부한 법적 경험을 갖춘 법률가가 의회의 의원으로 정치 토론과 국정 운영을 통해 체득한 종합적 지혜야말로 더없이 소중한 나라 전체의 무형자산이다.

사법부

영국의 법관은 모두 법정변호사로 충원된다. 그러기에 자연스럽게 법관은 자신이 발탁된 실무계와 밀접한 교류를 유지한다. 영국의 법관은 대부분의 대륙 국가에서처럼 법률 교육의 입문 단계부터 사법 관료로 훈련된 특별한 직책이 아니다. 법관은 25년가량 법정변호사로 법관의 면전에서 실무 경험을 쌓은 사람들 중에 법조협회의 전문적 의견을 들어 로드 챈슬러가 임명한다. 이런 관점에서 볼 때 영국의 판사는 유럽 대륙과 다르고, 미국의 판사와 유사하다. 미국도 실무 변호사 중에 판사를 충원한다. 그러나 영국과 미국 간에 차이도 있다. 영국에는 법관 선거제도가 전혀 없다. 각급 법원을 통틀어 모든 직급의 법관이 임명직이다. 모든 판사가 종신직이고 (하급법원 판사직에 대해서는 정년제가 논의되기 시작하는 중임) 정부의 임명을 받아 직책을 보유하는 동안 완전한 독립을 누린다. 1702년 이래로 판사들은 '적법한 직무 집행 기간 동안during good behavior' 지위를 보유하고[14] 양원의 합동 청원에 의해서만 파면될 수 있다. 그러나 유사 이래 이런 청원은 단 한 차례도 제기된 적이 없다. 고위직 판사(약 40명)의 연봉은 5000~6000파운드 수준이고[15][16] 이들이 누리는 사회적 권위는 봉급 수준을 훨씬 능가한다. 상급법원 판사는 순회재판소assize court라는 명칭의 지방 도시의 법원에서 순회재판 업무를 수행한다. 국왕의 대리인 자격으로 재판을 포함해 그가 참석하는 모든 회합을 주재한다.

실로 복잡다기하기 짝이 없는 각급 법원의 조직과 계보에 관한 세부 사항을 열거하는 것은 거의 무익한 일이다.[17] 다만 여기에서는 영국의 법원 제도가 중세적인 요소가 강한 법관judge, 치안판사justice of peace, 배심jury의 3요소 기관으로 운영된다는 사실만을 기

---

14 판사의 종신 임기를 보장하는 이 구절은 1791년 제정된 미국 연방헌법에 전승되었다. Constitution of the United States, Article 3, Section 1 _ 옮긴이 주.

15 현재 가치로 환산하면 약 75만~90만 파운드(한화 13억~15억 원)다 _ 옮긴이 주.

16 (1942년 기준으로) 대법원장 연봉은 8000파운드다. 로드 챈슬러는 판사 연봉 6000파운드에 더해 상원 의장 연봉으로 4000파운드를 수령한다 _ 지은이 주.

17 봉건영주제 시대 이래 지방의 전통과 관습을 존중하는 (특히 사법 분야에 있어) 풍토에서 전국적 차원에 걸쳐 효용 중심의 사법 개혁을 관철시키기란 몹시 어렵다 _ 옮긴이 주.

술한다.

중앙 법원의 법관(물론 지역 법관local judge도 있음)[18]은 런던의 각급 법원과 재판부의 사건을 재판할 뿐만 아니라 '국왕의 정의King's justice'의 수호자로서 잉글랜드와 웨일스 지역을 정기적으로 순회하며 현지의 재판 업무를 담당한다. 이는 800년 넘게 지속된 전통이다. 사법제도의 3요소의 중추 기관인 법관은 권한, 책임, 영향력의 모든 측면에서 압도적인 지위를 누린다.

사법 3요소의 두 번째 기관은 치안판사다. 치안판사 또한 법관만큼 연조가 깊은 제도다. 법관과는 달리 치안판사는 무보수 직책이다.[19] 전문 법률가가 아닌(물론 법률가 조수의 조력을 받음) 치안판사의 역할은 영국법의 전통 속에 뿌리박은 대중의 정의감을 재판에 구현시키는 일이다. 전국적으로 약 2만 명에 달하는 치안판사는 지역의 인사 중에 로드 챈슬러가 임명하며 종신 임기가 보장된다. 이들은 형사재판을 담당하는데 사건의 구체적 비중과 성격에 따라 단독재판single justice, 두세 명의 합의부petty sessions, 전원 합

18 지역 법관은 주로 첫째, 형사사건을 담당하는 런던의 27명의 수도권 치안판사 (metropolitan magistrates)와 18명의 대도시 치안판사(stipendiary magistrates), 둘째, 민사사건을 담당하는 55명의 카운티 법원 판사(county court judge)가 있다. 약 100명의 지역 법관들의 연봉은 2000파운드 내외다 _ 지은이 주.

19 1949년부터 잉글랜드와 웨일스 지역에서 유급치안판사(stipendiary magistrate) 직책이 운영되고 있다 _ 옮긴이 주.

의체quarter sessions로 운영한다.

치안판사는 숫자가 많고, 법률 전문성이 취약하며(점차 법률가적 전문성이 강화되는 추세이기는 함), 강한 지역 정서의 소유자라는 점에서 법관과 차이가 난다.[20]

사법 3요소의 마지막 기관은 배심이다. 배심은 재판의 기초가되는 특정 사실의 존재 여부를 파악하기 위해 일반 시민 12명으로구성된 아마추어 기관이다. 배심은 중앙 법원의 사건과 치안판사의 합의 사건인 사계법원의 재판에 동원된다. 주로 형사사건에 활용되지만 일부 민사사건에도 적용된다. 배심의 기원은 영국법의역사 자체이기도 하다. 배심제도의 진수는 일반 시민의 상식이 전문 법률가의 직업적 훈련과 경험을 조력하는 데 있다. 배심제도의기원과 발전 과정에는 일반 시민의 정의감을 존중하는 영국 민주주의의 기본 정신이 구현되어 있다. 바로 여기에 배심제도의 뿌리와 강점이 있다. 그렇다고 해서 배심제도에 약점이 없는 것은 아니다. 배심은 (가령 아름다운 여인이 혼인 약속의 위반으로 남자를 고소하

---

20 치안판사에 임명되면 실무 훈련을 거치고 법률문제에 대해서는 전문 지식을 갖춘 서기의 지원을 받는다. 한 사건당 최소한 두 명 이상의 치안판사가 참여한다. 유급의 풀타임 치안판사는 경미한 형사사건(청소년 사건이 대종을 차지함)에서 왕립형사법원(Crown Court) 정규 판사와 함께 재판한다. 2010년 기준으로 잉글랜드와 웨일스 지역의 치안판사 총수는 2만 8500명에 달하고 이 중 3분의 1이 여성이다 _ 옮긴이 주.

는 경우처럼) 감정에 쉽게 좌우된다는 비판을 받는다. 마찬가지로 계급적 편견이나 단순히 무식 탓에 공정한 판단을 내리지 못한다는 비판도 있다.

그러나 보통 시민이 존중받아야 하는 이상 무수한 약점에도 불구하고 배심제도는 영국 국민의 일상에 중요한 기제로 머무를 것이다.[21]

잉글랜드법의 분화

이제 법제도의 인적 측면(법조, 판사, 판사 조력자)에서 눈을 돌려 규범의 집적체로서의 법을 고찰해 보자. 영국법의 일반적 속성을 여러 관점과 기준에 따라 세분할 수 있다. 가령 주제를 기준으로 헌법, 형법, 민법 등으로 나눌 수 있다. 또한 다소 비논리적인, 본질과는 거리가 있는, 그러나 현실적으로 더욱 의미 있는 기준으로 분류할 수도 있다. 즉, 역사적 기원을 기준으로 삼아 차이에 주목하는 것이다. 역사의 연속적 발전을 경험한 연조 깊은 나라에서는 법도 단계를 밟아 발전을 거듭했기에, 그 발전과 성장의 단계를 기준으로 분류하는 것이 합당하다. 이러한 관점에서 보면 영국법의 핵심 요소를 크게 셋으로 나눌 수 있다. 첫 번째 구성 요소는 코먼

---

21 안경환·한인섭, 『배심제와 시민의 사법참여』(집문당, 2005) _ 옮긴이 주.

로다. 이 용어는 때때로 보다 넓은 의미인 ('영국의 코먼로'라는 식으로) 영국법 전체를 가리키는 의미로 사용된다. 그러나 보다 좁고 엄정한 의미의 코먼로는 후술하는 것처럼 그중 일부에 불과하다. 좁은 의미의 코먼로는 한마디로 '판사가 만든 법'으로 정의할 수 있다. 특정 사안에서 합리적인 이성의 소유자인 판사가 내린 판결을 후속 법원이 유사한 사건에서 법의 일반 원칙이 되는 선례로 채택함으로써 정착된 법 원칙이 코먼로다. 이러한 관점에서 볼 때 코먼로란 영국의 정규(왕립) 법원 판사들이 (앞서 살펴본 것처럼) 법조협회 회원들과의 공조 아래 정립한 영국의 일반법으로 규정할 수 있다. 이렇듯 좁은 의미의 코먼로에 더해 영국법의 두 번째 구성 요소로 각종 법률들의 총합인 제정법statute law이 있다. 제정법의 의미는 단순 명료하다. 의회가 제정한 법률로, 의회의 이름으로 발간하는 인쇄물의 형태를 띤다. 반면 코먼로는 공표된 법원의 판결문이나 판결의 체계와 법리에 관한 해설을 담은 권위 있는 교과서나 주석서에서 찾아야 한다. 이 과정은 시간이 걸리고 전문 기술이 필요하다. 그러나 제정법은 『왕국법령집Statutes of the Realm』으로 불리는 인쇄된 공식 법령집에서 누구나 쉽게 확인할 수 있다.

역사적 발전 단계를 기준으로 분류한 영국법의 세 번째 구성 요소는 형평법equity이다. 형평법은 민사법에 한정된 것이나 (형평법은 코먼로나 제정법의 형사적 측면에는 성립하지 않음) 특수한 형태의 민사법으로 어떤 의미에서는 민사법의 일반 속성에서 벗어난 것으로 볼 수 있다. 형평법은 12세기 이래로 코먼로가 200년 이상 생성, 발전, 정립되고 난 후인 14세기 후반에 들어서야 비로소 탄생한 새로운 법리다. 기존의 코먼로와는 달리 유연하고 탄력적인 법리를 개발했고, 새로운 법절차를 정립하고 별도의 판사와 법원을 창설해 기존의 경직된 코먼로가 다루기 힘든 사안에 적용되는 법리를 발전시켰다. 형평법도 '판사가 만든 법'임에는 의문이 없다. 이 점에서는 코먼로와 차이가 없다. 그러나 판사 중에서도 형평법원Court of Chancery이라 불리는 특정한 법원의 판사들이 만든 법이다(형평법원은 1873년 이후 고등법원 형평법부Chancery Division of High Court로 명칭이 바뀌었음).

형평법원이 다루는 특별한 사건의 대표적인 예로 신탁trust 제도를 들 수 있다. 신탁이란 특정인의 재산을 수탁자trustee로 불리는 사람에게 이전해 수익자beneficiary의 이익을 위해 소유하도록 하는 법적 장치다.

신탁 제도의 발전에 형평법이 미친 영향을 영국법의 발전이라는 관점에서 조명하면 크게 세 가지 방향으로 발전한 모습을 확인할 수 있다. 첫 번째 방향은 '사회적' 영향으로 부를 수 있다. 신탁법은 교회나 노동조합과 같은 단체의 자유로운 활동을 보호하는 데 결정적으로 기여했다. 신탁법은 앞 장에서 살펴본 것처럼 민간 영역의 자율화라는 시대정신에 부응하는 제도였다. 자유롭게 설립된 단체는 그 재산을 수익자를 위해 신탁재산에 납입했고, 형평법원이 주관하는 신탁법제는 신탁재산이 수혜자인 단체의 이익을 위해 사용될 수 있도록 엄격한 관리·감독 제도를 확립했다. 그리하여 한 법률가의 말을 빌리자면 신탁법은 "영국에서 가장 강력한 사회적 실험"이 되었다.

신탁법의 두 번째 방향은 '정치적' 영향이라 부를 수 있다. 신탁법은 본래 사법private law 영역에 있던 것이 공법public law 영역으로 확대된 것이다. 즉, 사적 개인이나 단체 간의 관계를 다루는 법의 영역에서 지역공동체와 정부 간의 법적 관계로 확대된 것이다. 존로크의 정치철학에서 천명된 것처럼 정부가 가진 정치권력은 수혜자인 인민의 자유를 보장하고 복리를 증진할 목적으로 사용할 것을 위임받은 수탁자라는 관념을 심어준 것이다. 이는 곧바로 민주주의의 본령이다. 국왕과 의회를 포함한 일체의 공적 권위와 권력의 법적 성격은 신탁이다. 그러므로 그 직위에 주어진 권력은 당초 그 권력을 수여한 원천인 지역공동체의 이익을 위해 사용해야 한다.

신탁법의 세 번째 방향은 '국제적 내지 제국주의적' 영향으로 규정할 수 있다. 신탁의 법리가 사법 영역에서 공법 영역으로 확대되자, 이에 그치지 않고 바다를 넘어 유영遊泳했다. 1772년 에드먼드 버크가 천명했듯이 인도 영토 내에서 영국이 보유한 권력은 인도 국민의 이익을 위해 행사할 의무를 지는 신탁이다. 버크의 시대에 이미 '식민 신탁colonial trust'의 관념이 영국 식민지 정책의 근본 철학으로 정립되어 있었던 것이다. 여기에서 끝나지 않고 신탁 법리는 제국법의 차원을 넘어 국제법의 차원으로 확대되었다. 라틴어로 '위임mandate'이란 의미를 지닌 영국의 신탁 제도는 1919년 국제연맹규약Covenant of League of Nations에 구현되었고 이어서 아프리카, 아시아, 태평양 지역의 위임통치령mandated territory의 창설에 이론적인 기초를 제공했다. 이처럼 신탁의 법리는 국제 무대에 등장해 현대 국제 질서의 일부가 되었다.

형평법의 원리를 구현한 신탁 제도의 비중에 대해서는 이 정도로 기술하고, 이제 영국법의 또 다른 측면을 관찰할 수 있는 논제로 옮겨간다. 즉, 코먼로와 제정법의 상호 관계다.

어떤 의미에서 코먼로는 제정법의 하위 규범이다. 제정법은 코먼로를 변경하거나 폐기할 수 있다. 의회는 모든 법에 대해 최고의 권한을 보유한다. 따라서 의회가 법관이 만든 코먼로를 변경하거나 폐기할 권한을 보유하는 것은 의심의 여지가 없다. 그러나 관점을 달리하면 코먼로는 제정법보다 더욱 방대하고 범위가 넓다. 첫째, 의회는 통상의 경우 법률을 제정하면서 코먼로의 존재를 유념하고 묵시적으로 원용援用, implicit reference한다. 의회가 법률 규정을 통해 특정한 코먼로 법리를 명시적으로 수정하거나 폐기하지 않는 한 코먼로는 여전히 유효한 것이다.

그러므로 특정 법률을 해석하기에 앞서 그 배경이 되는 해당 주제와 관련한 코먼로를 알아야만 한다. 특정 코먼로 법리를 탄생시킨 배경도 명문으로 수정되거나 폐기되지 않는 한 여전히 유효한 법이기 때문이다. 가령 1927년 노동조합 및 노동쟁의법Trade Disputes and Trade Unions Act 1927과 같은 노동조합 관련 법규는 노동조합의 법적 지위에 관한 코먼로의 여러 세칙과 함께 검토해야만 합당한 해석이 가능하다. 둘째, 코먼로는 제정법보다 훨씬 광범한 차원의 영국법을 다룬다. 제정법의 대종은 공법과 행정법의 영역에 관한 것이고, 사법의 영역은 주로 코먼로가 규율한다. 어림짐작으로 불법행위torts와 손해배상에 관한 법적 규칙legal rule의 90퍼센트는 코먼로라는 것이 엄연한 현실이다. 마찬가지로 계약법contract의 대종도 코먼로다. [22]

---

22 '판사가 만든 법'이라는 말에는 다소의 과장이 담겨 있다. 국민의 일상생활에 가장 중요하고도 본질적인 영역에서 코먼로라는 이름의 판례법이 사라지면 사법 체계 전체가 붕괴할 것이다. 또한 불법행위와 계약, 사법(私法)의 양대 주제에서 판례법이 기본법이라는 사실도 의심의 여지가 없다. 신탁 법률(Trustee Act)이 제정되었음에도 불구하고 코먼로의 제3의 주제로 신탁을 추가할 수 있을 것이다. 신탁 법률의 예에서 보듯이 많은 사법 영역에 걸쳐 제정법이 출현하는 추세다. 형사법은 대부분 제정법화되었고 상사법의 영역도 마찬가지다. 부동산법도 그렇다. 이렇듯 제정법의 역할이 증대했음은 사실이다. 그럼에도 불구하고 법전화된 제정법이 법체계의 본질적이고 핵심적인 규범인 프랑스 등 유럽 대륙 국가와 비교하면 영국에서는 판례법의 역할이 막중하다. 이들 대륙 국가에서는 법전이 일반 원칙을 정립하고 판례는 법전의 규정을 보충하는 역할을 한다. 영국에서는 정반대로 일반 원칙은 판사가 코먼로를 통해 정립하고 의회는 제정법을 통해 이를 수정하거나 폐기한다 _ 지은이 주.

잉글랜드법의 장단점

영국인들은 흔히 자국의 법제에 대해 단점부터 먼저 말할 테지만 이 책에서는 장점을 먼저 거론한다. 영국 법제도의 가장 큰 장점은 시민의 권리, 영국법의 용어로는 '신민의 자유liberties of subject'에 초점이 맞추어져 있다는 점이다. 영국 역사에는 1789년 프랑스의 '인간과 시민les droits de l'homme et du citoyen'의 권리선언과 같은 종합적인 권리선언이 탄생하지 않았다. 물론 1215년 마그나카르타Magna Carta(대헌장)와 1791년 미국연방헌법의 수정헌법 조항으로 발전한 1689년 권리장전과 같은 문서는 탄생했다. 그러나 일반적으로 말해 영국의 법제도는 '권리 구제remedy'[23]에 중점을 두어 구체적인 판결을 통해 신민의 자유에 대한 어떠한 침해에 대해 법적 구제를 부여하는 것에 초점을 맞추고 있다. 인신보호영장Habeas Corpus 제도가 대표적인 예다. 만약 내가 구금되었다고 치자. 나 자신이든, 아니면 나를 대신한 제3자든 내가 부당하게 구금되었다고 호소하면, 판사는 나의 '신체body'를 자신의 면전에 대령하라고 명령할 수 있고, 나의 사연을 들은 판사가 내가 법의 지배의 원칙에 위반되게 구금되었다고 판단하면 즉시 석방할 것을 명령할 수 있

---

23 '법이 있는 곳에 구제가 따른다(Ubi jus, ibi remedium).' 영국법은 침해된 권리의 구제에 중점을 두기에 법적 절차 속에서 실체를 확인한다 _ 지은이 주.

다. 1688년 (명예혁명) 이전에도 판사들은 이 원칙을 강력하게 수호했고, 오늘날에도 신민의 자유를 더욱 보호하기 위해 적극적으로 나서고 있다. 행정권의 발동에 맞서 신민의 자유가 지속적인 확대를 거듭해 온 것은 이렇듯 위대한 판결들 덕분이다.

이러한 관점에서 최근에 이르기까지 영국에는 행정법이라는 법역이 존재하지 않았다는 사실을 특기할 필요가 있다. 달리 말하면 영국에는 일반 법원과는 별도로 행정공무원과 공무 사건을 다루는 행정법원이 존재하지 않는다. 행정공무원과 공무에 관한 소송도 통상의 법원과 판사 앞에서 통상의 국법(코먼로와 제정법)의 적용을 받는다. 이러한 법제도 덕분에 판사들은 정부 공무원들의 방약무인과 권한 남용을 견제할 수 있었다. 그러나 근래(1900년경)에 들어서 행정사건과 유사한 성격의 소송이 출현하기 시작했다(정부 공무원을 대상으로 하는 소송은 성격이 분명하지 않음). 예컨대 보건부 Ministry of Health와 같은 일부 정부 부처는 의회의 위임을 받아 행정명령을 발부한다.[24] 이러한 변화는 의회가 주도한 것임에 주목할

---

24 다음의 예를 보면 쟁점이 분명할 것이다. 1875년 공중보건법(Public Health Act 1875)에는 지방정부의 장은 주택 소유자(점유자)에 대해서 특정 기한 내에 배수시설을 갖출 것을 명령하고 이에 불응할 경우에는 지방정부가 대신 공사를 실시한 후에 그 대금을 청구할 수 있다. 이에 불복하는 주택 소유자(점유자)의 소송은 일반 법원이 아니라 보건부 장관(즉, 행정공무원) 앞으로 제기해야 한다. 장관은 형평적 결정을 내리고, 이 결정은 더는 다툴 수 없는 종국판결의 효과를

필요가 있다. 일부 변호사와 판사들은 비록 의회가 주도한 것이라도 이러한 행정권의 비대 현상에 적대감을 드러내기도 한다. 이들은 이러한 현상을 관료주의 내지는 '신종 폭정 체제'라고 매도한다. 판사가 모든 사건을 독점하는 배타적 관할권이 과거에 비해 축소된 것은 사실이다. 그러나 그에 따라 신민의 자유가 위축되었거나 보건부의 행위 때문에 빈민가 거주자들의 고통이 가중되었는지는 논란의 여지가 있다. "시대가 달라지면 풍속도 달라지기 마련이다 (Autres temps, autres moeurs)."

일상의 민주화가 이루어진 오늘날에는 의회에 대해 책임을 지는 장관의 지휘를 받는 공무원 또한 시민의 자유를 수호한다고 믿게 된 것이다.

영국 법제도의 두 번째 장점은 신민의 자유를 보장함과 동시에 법과 질서를 수호한다는 사실이다. 달리 말하자면 공동체의 질서 (법률 용어로는 '국왕의 평화King's peace')도 개인의 자유 못지않게 유념한다는 점이다. 이러한 점은 형사사건에서 더욱 명료하게 드러난다.[25] 한 측면에서는 형사 범죄 혐의자들의 권리를 존중한다. 체

가진다 _ 지은이 주.

25 모리스 아모스 경(Sir Maurice Amos, 1872~1940)의 팸플릿 *British Justice: An Outline of the Administration of Criminal Justice in England and Wales*(British Council, 1940)를 참조 _ 지은이 주.

포된 형사 피의자는 심문에 응할 필요가 없다. 경찰이 심문을 하더라도 답변을 거부할 수 있다. 공정한 게임을 보장하기 위해 정교하게 정립된 '판사의 규칙Judge's Rule'에 따라 심문이 진행되어야 한다. 기소된 형사피고인은 판사와 배심 앞에서 엄격한 절차법 아래 검찰과 동등한 지위에 서서 완전한 방어권을 보장받는다. 만약 유죄판결을 받으면 사실문제와 법률문제, 그리고 양형에 관해 형사항소법원Court of Criminal Appeal에 항소할 권리가 주어진다. 법은 형사 피의자를 보호하지만 다른 한편으로는 사건을 신속하게 처리하는 데도 유념한다. 공동체 구성원의 평화 또한 최대한으로 보장해야 하기 때문이다. 대개혁 시대의 가장 뛰어난 산물인 형사절차개혁법에 따라 면모를 일신한 영국 경찰은 범죄 탐문과 범인 체포에 탁월한 기량을 과시한다. 어떤 의미에서 경찰은 사법기관이 아니라 행정기관의 성격을 지닌다. 그러나 영국 경찰은 사법기관과 밀접한 연관을 맺고 사법절차와 관련된 제반 법규의 규제를 받는 특성이 있다. 이러한 특성을 영국 형사 정의 시스템의 장점으로 내세울 수 있다. 또 다른 장점은 형사 법원의 신속한 업무 처리다. 체포된 즉시 재판이 열리고 재판도 신속하게 결말이 난다. 항소가 제기되면 항소심 또한 신속하게 열리며, 선고된 형 또한 신속하게 집행된다. 세상을 뒤흔든 복잡한 법의학 문제가 걸린 살인 사건이라도 넉 달 반 만에 결말이 난다. 이렇듯 영국의 형사 사법 정의는 범죄자의 인권 보호와 함께 공동체의 안녕도 효과적으로 도모한다고 자부할 수 있다.

한편 영국 법제도의 취약점은 민사 부문에서 명확하게 드러난다. 양질의 민사 사법제도란 비용이 저렴하고 신속하며 공정해야 한다. 영국의 민사재판은 신속하지도 저렴하지도 않은 편이다. 변호사(법정변호사와 사무변호사를 통틀어)의 높은 수임료가 원인 중 하나다. 이에 더해 상급법원으로의(심지어 상원 앞으로까지) 항소 가능성이 때때로 사법 정의의 실현이 느려지고 소송비용이 누적되는 원인이다. 이러한 이유 때문에 영국의 사법 정의가 불투명하고 예측 불가능하다는 비판이 뒤따르기도 한다. 사회주의 성향의 일부 급진적인 비판자들은 판사들이 계급 편견에 가득 차 있고, 특히 노동조합과 관련된 사건에서 재량권을 남용한다고 비판한다. 누구에게나 고유한 가치관과 소신이 있고 자신도 인식하지 못하는 편견의 희생양이 될 수 있다. 그러나 유독 노동조합과 관련된 사건에서 판사들이 판결에 그들의 편견을 반영한다는 주장은 설득력이 약하다. 판사들은 코먼로가 정립한 법 원칙을 충실하게 준수한다. 만약 판결에 잘못이 있었다면 그들이 준수해야 하는 법 원칙 때문이지, 결코 판사의 편견 때문은 아닐 것이다.[26]

영국법이 아직 법전code화되지 않은 것이 약점이라고 할 수도

---

26 이러한 비판은 판사보다 치안판사에 대해서는 어느 정도 합당할 수 있다. 전문성이 강화될수록 편견이 덜 작용할 것이다 _ 지은이 주.

있다. 수천, 수만 권의 판례집과 주석서, 그리고 간단없이 쏟아져 나오는 각종 법령 시리즈의 홍수 속에 도대체 어디에서 법을 찾으란 말인가?

이 물음에 대한 답은 실로 곤혹스럽기 짝이 없다. 영국인의 전통 생활에 확신을 가진 법조인들은 법전에 대한 열망이 미약하다. 만약 영국과 미국의 법률가들이 합동으로 위원회를 설립해 양국에 공통되는 법전의 초안을 만든다면 생각이 달라질지도 모를 일이다.[27] 가칭 '영미 법전 초안 위원회'라도 만들면 어떨까? 의미 있는 일일 것이다. 양국 대표가 영연방 대표들과 함께 지혜를 모아 영국법 체계 전체를 포괄하는 종합법전을 초안할 수도 있다.[28]

그렇게 되면 두 나라의 법률가들은 다른 나라의 판결과 학설을 인용하면서 영미법 체계의 발전을 위한 공동 작업을 수행할 수 있을 것이다. 따지고 보면 미국이 독립선언서에 서명할 때 영국법으로부터 독립한다는 선언을 담지 않았는가?

---

27 필자가 이 책을 집필할 때는 영국과 미국 양국의 법, 그중에서도 (미국의 당시 48개 주가 참여하는) 통일법전(Uniform state laws, 주로 상법 분야)의 제정 가능성을 모색하는 위원회를 설립하려는 운동이 시작되고 있었음을 지득하지 못했다. 이 운동이 필자가 제안하는 운동의 시발점이 될 것으로 기대하며 성공을 기원한다 _ 지은이 주.

28 이러한 생각은 수백 년에 걸친 미국법의 독자적 발전을 경시한 영국 중심적인 발상이다. 안경환, 「영국법과 미국법의 비교연구 (1)~(6)」, 서울대학교 ≪법학≫, 제31권(1990)~제40권(1999) _ 옮긴이 주.

이 장의 결론을 대신해 필자가 어느 강연에서 발언한 요지를 옮기고자 한다(이 책의 168~169쪽에 실린 지도에 적시된 장소와 지점의 의미를 음미하자는 것이 강연의 핵심 요지였음).

• 신탁법 영역에서 확인할 수 있는 사회적 실험, 민주주의의 뿌리, 국제적 질서의 핵심은 역사적으로 누가 어떻게 구축한 것인가? 적어도 1350년까지 소급할 수 있는 형평법 법률가들의 공로가 아닌가? 영국 국민이 누리는 자유의 근간인 인신보호영장과 그 밖의 법적 구제 수단은 누구의 공로인가? 다름 아닌 코먼로 법률가들이 아니었던가?

오늘날 우리 영국 국민이 일상에서 누리는 제도의 질서, 정부의 강고함, 민간의 자율의 본질을 성찰하면 할수록 법률가들에게 모자를 벗어 경건한 감사의 예를 갖추게 된다. 필자는 때때로 영국의 심장은 템플바Temple Bar 근처에 위치한다는 생각을 한다.[29] 만약 당신이 법률가들이 운집한 왕립법원Royal Courts of Justice과 템플 사이에 서면 곧바로 당신은 영국의 심장부에 서는 것이다. 한쪽에 왕립법원 판사들이 있고 다른 한쪽에 칙임勅任변호사King's(Queen's) Counsel(KC, QC)[30]를 포함한 법정변호사 집단이 있다. 두 집단이 협

---

29 템플바는 원래는 자치 지구인 런던시(Corporation of the City of London)와 국왕의 직속 통할 구역인 웨스트민스터시 사이의 경계를 표시하는 차단 문으로 런던시가 세운 조형물이다. 인근에 법원과 법학원이 들어서면서 법조 타운의 상징물로 인식되기도 한다 _ 옮긴이 주.

력해 고비용 구조와 비법전화 등의 단점에도 불구하고 국민에게 최선의 법률 서비스를 제공한다.

● 필자가 가르치는 케임브리지 대학교 학생들에게 자주 하는 이야기가 있다. 학생들에게 이 나라가 가진 천재성의 현장을 보고 싶으면 런던 리버풀Liverpool가 역에서 11번 버스를 타고 서쪽 방향으로 런던시와 템플바를 지나 웨스트민스터시로 가보라고 권한다. 버스는 영국 국민의 일상적 삶의 상징적 축도가 되는 세 지역을 지날 것이다. 첫 번째 지역으로 런던 증권거래소London Stock Exchange를 지날 것이다. 이곳은 '투자자proprietor'의 신탁을 받아 이들과 함께 배후에 있는 '회원member'을 위해 재산을 관리하는 '수탁자'로 구성된 자율적 조직이다. 여기에서 상상력을 발휘해 신탁법과 신탁법이 추동력을 제공한 사회 발전의 계기를 함께 묶어 성찰해 볼 수 있다. 이를테면 신탁법에 기반해 광범한 권한을 행사하는 증권거래소는 놀랍게도 다른 기관, 즉 노동조합이나 심지어는 비국교연합 교회와 일맥상통하는 바가 있다. 이들은 엄연히 비정부 민간의 영역이다.

두 번째 지역은 세인트폴Saint Paul 성당을 지나 플리트Fleet가에

---

30 경력을 갖춘 변호사 중에서 국왕이 임명하기에 칙임변호사로 불린다. 법정 의상과 예우에서 일반 변호사와 다른 대우를 받는다. 전통적으로 법정변호사의 전유물이었지만 근래 들어서는 사무변호사도 임명된다 _ 옮긴이 주.

진입하면서 템플바 인근의 두 개의 법학원 지역을 만난다(또한 자유 언론의 본산도 경유하게 됨). 여기에서 (신탁법을 포함해) 이 나라의 법을 창조해 내는 자율적 집단인 법조협회의 역할을 느긋하게 반추할 수 있다. 이 협회는 판사들의 산실이기도 하다. 1880년까지만 해도 새로운 왕립법원 건물이 템플 바로 옆에 서 있었다. 역사에 밝은 사람이라면 템플바 지척인 플리트가의 주점에서 1675년경 휘그당, 그리고 현재의 자유당의 전신인 그린리본클럽의 회합이 열렸던 사실을 환기할 수 있다. 민간 영역과 정부 영역의 경계지인 이곳은 가히 귀신 들린 땅이다. 자율적 조직인 법조협회가 국가의 사법 관료와 교류하며 '동배同輩 의식'을 키우는 곳이다. 이러한 일체감은 절반은 정치, 절반은 사회적 연대로 이어지면서 민간 영역과 정부 영역의 중간 지대를 형성한다.

• 여기까지 런던의 두 개 지역을 유람했다. 이제 스트랜드가와 트래펄가광장을 지나 세 번째 지역으로 진입한다. 이곳은 정부의 영역이다. 정부 관료와 행정 직원들이 근무하는 화이트홀이 보이고 의회 광장 남쪽, 웨스트민스터 사원 옆으로 국회의사당 건물이 우뚝 서 있다. 버스에서 내려 의자에 앉거나 서거니 하며 주위를 완상해 보라. 정부 영역에 진입하기 전에 두 개의 다른 지역을 지나오지 않았나. 순수한 민간 영역에 이어 민간 영역과 정부 영역의 경계지를 거쳐 이곳까지 온 것이다. 지금까지의 버스 투어는 오늘날에 이르기까지 영국이 걸어온 역사의 현장 실습이다.

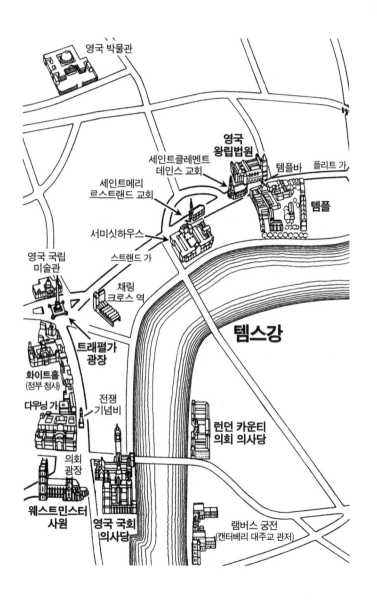

영국 박물관

영국
왕립법원

세인트클레멘트
데인스 교회

세인트메리
르스트랜드 교회

서미싯하우스

템플바

플리트 가

템플

영국 국립
미술관

스트랜드 가

채링
크로스 역

템스강

트래펄가
광장

화이트홀
(정부 청사)

다우닝 가

전쟁
기념비

런던 카운티
의회 의사당

의회
광장

웨스트민스터
사원

영국 국회
의사당

램버스 궁전
(캔터베리 대주교 관저)

리버풀 가

세인트폴 성당

영국
중앙은행

런던 증권거래소

루드게이트
교차로

런던 왕립거래소

맨션하우스
(런던시장 관저)

템스강

서더크 성당

런던

11번 버스를 따라 세 영역,
민간 영역 → 경계지 → 정부 영역
을 순차로 여행할 수 있다.

제5장
—
영국의 종교와 교회

잉글랜드의 종교개혁과 잉글랜드국교회

16세기 영국에서는 각각 성격이 다른 두 차례의 개혁이 일어났다. 당시 스코틀랜드는 독립 왕국이었다. 존 녹스John Knox(1514?~1572)[1]가 주도한 스코틀랜드 종교개혁은 군주국임에도 불구하고 나라를 (신앙의 수장이 없는) 칼뱅교 국가로 만들었다. '위대한 군주' 헨리 8세Henry VIII(재위 1509~1547)가 다스린 잉글랜드는 덜 논리적이고도 어정쩡한 종교개혁의 길을 걸었다. 영국 국민의 장기인 타협의 길을 택해 국왕이 개혁을 주도하고 국왕이 종교를 '다스리는' 잉글랜드국교회를 창설하기에 이르렀다.

---

1   스코틀랜드 장로교회의 창시자다 _ 옮긴이 주.

독립된 종교로서 잉글랜드국교회의 역사는 (1942년으로) 400년이 넘었다. 로마교황에 대한 청원을 금지한 1533년 법(수장법Acts of Supremacy)으로 탄생한 것이다. 그 전에도 잉글랜드 교회ecclesia Anglicana라는 이름의 종교 기관이 존재했으나 이는 전 세계 가톨릭을 통합하는 가톨릭교회ecclesia Catholica의 하부 단위로 교황에 종속했었다. 그러던 것이 1533년 법의 제정과 동시에 잉글랜드교회는 가톨릭교회와 절연하고 교황 대신 국왕을 수장으로 받들게 되었다. 처음에는 단지 통치 구조의 변경에 불과했다. 그러나 시간이 흐르면서 교리와 의식에도 서서히 변화가 뒤따랐다. 신생 잉글랜드국교회는 로마가톨릭의 교리와 의식 중 일부를 폐기했지만 대륙의 루터파나 칼뱅파의 교리와 의식을 채택하지는 않았다. 로마가톨릭과 대륙 개신교의 중간에 위치한, (마치 영어가 중간적인 언어인 것처럼) 프랑스인의 표현에 따르면 '영국식 경첩l'Eglise charniére'의 양상을 띤다. 16세기 말 잉글랜드국교회와 국가의 관계에는 두 가지 특징이 있다. 첫째, 교회는 왕국의 모든 신민을 신도로 포용함으로써 국왕과 공존한다고 선언했다. 당대의 성공회 철학자 리처드 후커Richard Hooker(1554~1600)의 말을 빌리자면 "교회와 연합왕국의 일체적 자동성自同性, one and the same self"의 원리에 입각해 전 국민이 의무적으로 일요일과 휴일에 교회 예배에 참석할 의무를 지고 이를 위반할 경우 법적 제재를 각오해야 했다. 물론 '최고수장supreme head'(나중에 '최고 통치자supreme governor'라는 표현으로 다소 완화함)인 국왕의 통치에 복종할 신민의 의무를 졌다. 국왕은 교회의 모든 주교를 임명하고, '의회 내의 국왕King in Parliament'의 이름으로 제정된 법률을 통해 교회 업무를 규율했다. 이렇듯 잉글랜드교회는 전 국민을 신도로 포용하는 한편 정부의 규율을 받는 이중적 의미에서 국교였다.

그러나 적어도 인구의 6~7퍼센트인 가톨릭교도들은 국교제에 반대했고 이 숫자는 오늘날까지 유지되고 있다. 그러다가 영국의 역사와 영국인의 일상에 보다 중요한 영향을 미친 새로운 반대 세력이 나타났다. 이 세력은 처음에는 '청교도Puritan'라는 이름으로 등장해 최종적으로 '비국교도nonconformist'로 정착하게 되었다. 기존의 교리와 제의祭儀 중에 아무것도 바꾸지 않겠다는 정통 가톨릭과는 정반대로 이들은 모든 것을 바꿀 것을 요구했다. 이들은 어정쩡한 타협을 선택한 국교회에 반대하는 것은 물론이고 교회국가 Church State라는 제도 자체를 부정했다. 즉, 이중적 의미에서 국교에 반대한 것이다. 이들은 국가가 교회와 결합하는 것을 반대했다. 교회란 원하는 국민들이 (오로지 그런 국민들만이) 자발적으로 '모여' 조직한 사적 결사일 뿐이다. 마찬가지로 이들은 국왕에게 최고 통치자의 지위를 부여한 교회의 지배에 반대하고, 자발적으로 조직된 단체인 자유로운 교회로 운영되어야 한다고 주장했다. 이러한 사상은 영국 민주주의의 발전에 배아胚芽로 작용했다.

청교도 운동은 칼뱅파의 영향으로 엘리자베스 1세 때인 1570년부터 시작해 제임스 1세James I(재위 1603~1625) 때인 1625년에 세 개 종파의 비국교로 분화되어 오늘에 이르고 있다. 첫째, 민주적인 회중교회(또는 독립교회Independents), 둘째, 회중교회와는 세례(침례) 의식에서 차이가 나지만 역시 민주적인 침례교회, 셋째, 엄격한 칼뱅주의의 영향을 받아 한결 권위적인(또는 교조적인) 장로교회Presbyterian로 삼분되었다. 회중교회와 침례교회는 아직도 잉글랜드에서 상당한 교세를 유지하고 있으나 장로교회는 극도로 약화되었다. 전성기였던 17세기 중반에 이들 3대 교파는 힘을 합쳐 세계사에 지속적으로 영향을 미칠 두 개의 위대한 사건을 탄생시켰다. 첫째, 미국의 탄생에 기여했다. 종교의 자유를 찾아 온갖 위험을 무릅쓰고 대서양을 건너 '뉴잉글랜드' 땅으로 이주한 이들은 매사추세츠와 인근 식민지에 정착했다. 특히 '필그림파더스Pilgrim Fathers'가 강고한 바위로 둘러싸인 해안에 발을 내딛은 1620년부터 국왕과 의회 간에 내전이 벌어져 해외 이주를 견제하기 시작한 1642년 사이에 대규모 해외 정착이 이루어졌다. 둘째, 청교도는 잉글랜드 내전(청교도혁명)의 발발에 적지 않은 영향을 미쳤다.

잉글랜드국교에 대한 종교적 반대자인 이들은 정치적으로는 왕정에 반대하는 의회주의자들의 지지자였다. 두 세력(비국교도와 의회주의자)은 연합해 일시적으로 왕정을 전복하고 (1649년) 찰스 1세Charles I(재위 1625~1649)를 처형했다. 그리하여 1660년 찰스 2세의 왕정복고 때까지 잉글랜드에서 왕국도 국교도 폐지되었다. 왕정이 복고된 후로도 청교도 정신은 보다 온건한 형태로 연면하게 전승되었다. 군대를 동원한 내전은 없었을지라도 정당 간의 분란은 지속되었고, 청교도의 정신과 전통은 근대 자유주의의 비조 정당인 휘그당의 창립 이념의 지주가 되어 근대 보수주의의 선조인 왕당파 토리당에 맞서는 정신적 무기가 되었다. 그리하여 청교도는 스스로 인식하지 못하는 사이에 뉴잉글랜드 식민지의 정착과 자유주의의 발전에 초석을 놓았다.

성공회와 비국교(1660~1832년)

어쨌든 잉글랜드는 1660년 다시 왕국으로 복귀했다. 잉글랜드국교회도 국교의 지위를 회복했다. 1662년 예배통일법Act of Uniformity 1662이 제정되면서 모든 잉글랜드인은 반드시 성공회교도Anglican가 되어야 했다. 그러나 통일이라는 전래의 원칙과 함께 비통일이라는 새 원칙도 등장했다. 즉, 잉글랜드국교회에 (영원히) 순응하기를 거부하는 선언도 법적으로 가능해진 것이다. 잉글랜드에서 비국교의 기원은 1662년 예배통일법에 반대하며 유래한 것이 사실이다. 그러나 이는 결코 그때 처음 제기된 것이 아니다. 내용적으로 보나 실체적으로 보나 일찍이 청교도들이 공개적으로 천명한바writ large 있었다. 그러나 재탄생한 청교도는 정신적으로나 기질적으로나 향후 잉글랜드 사회의 발전에 심대한 의미를 지닌다.

즉, 1662년 이전의 청교도는 자발적인 확대와 잉글랜드국교회 교리의 개신교화를 통해 국교에 접근하거나 또는 청교도 자신이 국교의 일부가 되려고 시도했다.

그러나 1662년 이후로 이러한 희망은 사라졌다. 청교도는 국교와의 영원한 단절을 택했고, 그 후 어떤 조건으로도 잉글랜드국교회에 합류하기를 거부했다. 이때 이후로 잉글랜드인의 삶에는 성공회와 비국교, 국립교회와 자유교회의 이원 구조가 영구적인 사회구조로 정착되었고, 이 이원 구조는 수백 년에 걸쳐 잉글랜드인의 삶에 심대한 영향을 미쳤다.

초기의 이원론은 엄격했다. 비국교도들은 법적으로 존재 자체가 부정되었다. 1664년 법에 따라 이들은 예배를 위해 모일 권리마저 박탈당했다. 1689년 종교관용법Toleration Act 1689이 제정되면서 국왕에 대한 충성을 서약하고 '교황 짓거리popery'를 반대한다는 선언을 한 사람에 한해 (문을 닫는 조건으로) 비로소 실내 예배를 허용하고 잉글랜드국교회의 예배에 출석할 의무를 면제해 주었다. 그러나 예배의 자유를 인정받고 국교회에의 강제 출석 의무를 면제받기는 했지만 비국교도들은 잉글랜드 국민으로서 완전한 시민권을 누리지 못했다. 이들은 세 가지 점에서 종교의 자유를 제약받는, 기껏해야 '반쪽 시민'이었을 뿐이었다. 먼저 1661년 자치단체법Corporation Act 1661에 따라 비국교도는 지방정부의 공무원이 될 수 없었다. 마찬가지로 중앙정부의 공무원이나 군인도 될 수 없었다(1673년 심사법Test Act 1673 규정에 따라 선거구를 배당받을 수 있으면 의회의 의원이 될 수 있는 길은 열려 있었음).

그뿐만 아니라 비국교도들은 자녀 교육에서도 제약을 받았다. 교사 면허는 주교가 발급한다는 법에 따라 학교 선택이 자유롭지 못했고, 옥스퍼드 대학교나 케임브리지 대학교에 자녀를 보낼 수도 없었다. 이렇게 각종 권리가 제한된 반쪽 시민에 불과했지만 이들은 그래도 가톨릭교도보다는 나았다. 가톨릭교도들은 신앙의 자유도 없었고 1689년 종교관용법의 혜택도 받지 못했다.

저항 의식이야말로 인간 정신의 원동력이다. 비국교도들은 저항 정신의 실천자다. 비국교도에 대한 탄압은 18세기에도 계속되었지만 교세는 오히려 확장되었다. 종교 관련 통계를 보면 17세기 말에는 국교도 25명에 비국교도 한 명의 비율로 비국교 세력은 미미했다. 그러다가 1730년대에 들어 새로운 종교운동이 일어났다. 창시자인 존 웨슬리John Wesley(1703~1791)의 이름을 따 '웨슬리언', 또는 이들이 채택한 설교와 전도 방법에 착안해 감리교회라고 불리는 교단이었다. 감리교회는 처음에는 잉글랜드국교회의 울타리 안에서 복음 전파 내지 프로테스탄트Protestant 운동으로 출발했다.[2] 그러나 점차 조직화되면서 잉글랜드국교회의 울타리를 벗어나 본격적인 종교운동으로 변했다.

---

2 감리교회의 창시자인 존 웨슬리 본인이 성공회 사제다 _ 옮긴이 주.

1791년 웨슬리가 죽을 때까지는 공식적으로 천명하지 않았지만 1760년대에 이미 그런 조짐이 완연했다. 새로운 교단인 웨슬리언, 즉 감리교회 운동에 따라 비국교 교단과 자유교회 운동에 새로운 활력이 더해졌다. 수많은 새 교회가 탄생하고, 이들은 여러 연계소connexion 내지는 종파society로 분화되었다. 그러나 이들 모두가 정부와 국교로부터 독립을 외친다는 점에서 공통점을 보였다. 또한 이들은 17세기 옛 비국교도의 속성을 공유했다. 그리하여 비국교는 세력 확장에 새로운 전기를 맞았다. 이렇게 본다면 비국교는 두 개의 층위로 나뉠 수 있다. 첫째, 오늘날 주로 회중교회와 침례교회로 남아 있는 (장로교회는 거의 절멸했음) 17세기 비국교와 둘째, 18세기 이후에 등장해 분화된 다양한 세부 집단의 웨슬리언(감리교회)으로 대별할 수 있다.

이렇게 탄생한 시점과 경위가 다름에도 불구하고 두 교파는 근본적인 공통점을 공유한다. 즉, 둘 다 자유교회 사상에 헌신하며, 둘 다 공민권의 제약을 감수하면서도 보다 간편한 복음주의적 교리와 의식을 채택한다. 두 교파 간의 차이점은 교단 운영 체계에 있다. 회중교회와 침례교회는 (과거에 그랬고 현재도 마찬가지로) 느슨한 조직으로 지역별로 개별 교회의 자율적인 종교 활동을 강조한다. 이와 대조적으로 감리교회는 창립자가 그랬듯이 하나의 중앙 교단 아래 구성된 중앙 기구의 지휘를 받으며 종교 활동을 한다. 그러나 이러한 교단 운영 체계의 차이 때문에 종교의 본질적인 차이가 발생한 것은 아니다. 이들 양대 비국교는 시일이 흐르며 신자 숫자에 있어서나 사회생활과 선교 활동에 있어서나 엇비슷하게 되었다. 19세기에는 결코 국교의 지도부와 견줄 수는 없지만[3] 비국교의 수뇌부도 만만치 않은 영향력을 보유하게 되었다. 비국교는 분명히 소수자이지만 소수자 중에서는 다수자에게 진지하게 도전할 만한 충분한 세력을 보유한 소수자였다.

19세기 초에 이들 소수 종교는 전국적으로 퍼져나갔다. 그러나 특히 두 지역, 케임브리지 인근의 동부와 브리스틀 인근의 서남부에 집중되었다. 산업혁명이 발흥하면서 북부 지역에서도 세력이 늘어났다. 이들 신도의 사회계층적 분포를 보면 공업 지구, 상업 지구, 일반 업무 지구에서 강세를 보이지만, 한적한 시골 마을에도 중세에 건설된 교회 옆에 나란히 선 자그마한 새 교회 건물이 수천 개나 들어섰다. 성공회는 남부에서 강력하게 교세를 떨쳤고 시골 지역에서 견고했다. 지주와 전문직, 그리고 전통과 국가의 종교였다.

---

3 오늘날에도 각기 다른 종교 단체의 세력을 비교하기란 어렵다. 산출 근거가 다르고 대상 지역도 다르다. 『잉글랜드와 웨일스의 사회구조(The Social Structure of England and Wales)』(1927)에 실린 알렉산더 카손더스(Alexander M. Carr-Saunders, 1886~1966)와 캐러독 존스(D. Caradog Jones, 1883~1974)의 계산에 따르면 1925~1926년 잉글랜드와 웨일스의 성공회 신자(communicant) 수는 약 270만 명인 반면에 비국교 신자 수는 약 200만 명으로 양대 비국교 교파 간에 비슷하게 나뉘어 있다 _ 지은이 주.

비국교도 중에도 부자가 더러 있다. 그러나 그 부는 오로지 금전상의 부일 뿐 사회적 책임을 면제받는 신분에 기초한 부는 아니다. 성공회교도의 부는 사회적 위용을 수반하는 토지와 신분에서 유래한 부다. 이들은 무엇보다도 최대한으로 민권을 누리며 정치권력을 향유해 왔다.

비록 소수자에 속하지만 비국교는 1662년부터 1832년까지 장구한 세월 동안 국교와 함께 영국 사회의 발전에 지대하게 공헌해 왔다. 그럼에도 이들은 정치적으로는 국가를 상대로 투쟁하는 소수자 집단이었다. 소포클레스Sophocles(B.C.496?~B.C.406)의 비극 「안티고네Antigone」에서 테베의 통치자 크레온Creon의 불의한 칙령에 맞서 투쟁을 불사한 여주인공처럼 비국교도들은 잉글랜드의 안티고네다.[4] 비국교는 무소불위의 국가권력을 부정하는 제한 정부의 정치철학을 신봉한다. 경제적인 관점에서 보면 상업과 일반 비즈니스 분야에서 강세를 보이며 자유로운 상거래와 기업 활동을 주창한다. 일부 사상가들은 이들을 가리켜 자본주의와 자유방임주의 사상의 원조로 규정하기도 한다. 그러나 영국 비국교도들은 언제나 노동자가 절대다수를 이루었고, 19세기 초 이래로 노동운동은 비국교의 정신과 종교 수련에 힘입은 바가 크다. 비국교의 영향은 자본주의 또는 반자본주의, 어느 한쪽으로 규정할 수 없다.

---

4   안경환, 『법과 문학 사이』(까치, 1995), 190~192쪽 _ 옮긴이 주.

양자를 아우르는 포용적인 종교이기도 하고, 어느 쪽으로든 해석될 여지가 있는 유연성의 종교이기도 하다. 마지막으로 도덕적·사회적 영역에서 비국교는 개인적·자주적 독립 정신을 배양하는 데 기여했다. 비국교도는 자신이 처한 처지 때문에라도 엄격한 자기 통제의 미덕을 연마하고 체득한다. 비국교도의 윤리는 자신에 대한 의무감에 바탕을 둔 미덕이다. 이들은 이렇다 내세울 만한 상속받은 가문이나 지역사회에서의 뚜렷한 존재감이 없다. 그러기에 낯선 광야의 박토薄土 위에 일군 농장에 의연히 선 용감한 개척자가 되고, 미지의 세계에 두려움 없이 발을 들여놓아 기업을 세우는 산업 창업자로 성공하는 것이다.

종교 양상의 변화(1832~1942년)

1832년부터 영국에서는 위대한 변화가 일었다. 이해는 현대 영국사에서 커다란 분수령이다. 성공회와 비국교 모두 변화와 '개혁'이 시대의 구호로 등장했다. 종교 차원에서 두 개의 국가로 나뉜 틈새가 메꾸어지기 시작한 것이다.

비국교도에게 부과되었던 각종 공적 제약이 풀리기 시작했다. 1828년 비국교도의 지방정부와 중앙정부의 공무원 임용을 금지한 구시대의 법들이 폐기되었고, 이듬해에는 로마가톨릭해방법Roman Catholic Emancipation Act 1829이 통과되었다. 이러한 일련의 법률 제정과 후속 조치들에 따라 신봉하는 종교에 상관없이 모든 남자 국민이 완전하게 시민권을 향유할 수 있게 되었다. 그러나 여전히 비국교도들의 불만은 남아 있었다. 옥스퍼드 대학교와 케임브리지 대학교는 1871년이 되어서야 비로소 비국교도를 국교도와 동일한 조건으로 차별 없이 받아들이기 시작했다. 한 세기 내내 교육 분야에서 중요한 자리를 두고 차별 철폐를 위한 투쟁이 이어졌다. 그 결과 지금은 국교도와 비국교도라는 해묵은 양분 체제가 완전히 사라졌다. 비국교도도 국교도와 동격의 지위를 확보했다. 비국교도 신학 박사 학위를 취득할 수 있고 전통 있는 대학의 신학 교수 자리에 오를 수 있다. 비국교도 성직자도 성공회 신부와 나란히 국가의 공식 행사를 집전할 수 있게 되었다. 1935년 조지 5세의 재위 25주년 기념행사가 그랬다. 성공회 교회와 비국교 교회가 하나로 통합될 기미는 거의 보이지 않는다. 그러나 양 교단 사이에 우호적인 협력이 이루어지고 있는 징표는 완연하다. 다양한 비국교도 분파들이 통합하거나 연합체를 이루는 예가 속속 이어진다. 산만하게 흩어져 있던 웨슬리언도 1932년 통합된 단일 교회인 감리교회로 재탄생했다. 자유교회연합회Free Churches Federation Council는 공통의 목표를 위해 주요 비국교도들을 아우르며 조직된 단체다.

잉글랜드국교회는 비국교도의 성취와 더불어 과거 자신들이 누리던 특권적 지위가 주는 속박에서 해방되면서 결과적으로 이득을 얻었다고 할 수 있다. 국교도는 비국교도와 같은 출발점에 서면서 더 나은 경주를 벌일 수 있게 되었다. 이러한 변화에 수반해 잉글랜드국교회 안에서도 새로운 운동이 싹트기 시작했다. 새 운동은 변화의 초점을 흐리게 만들기도 하고, 그 열기를 부추기기도 했다. 1833년 시작된 옥스퍼드 운동Oxford Movement[5]은 교리와 의식은 가톨릭을 따르고 국교에 대해서는 비국교의 입장을 취하는, 얼핏 보기에는 이율배반적 운동이었다. 성공회 안에서 개신교에 대항해 가톨릭적 요소를 강조한 점에서는 가톨릭이고, 교회에 대한 국가의 통제에 반대하고 교회의 독립적인 운영권, 교리와 의식의 자율적인 결정권, 성직자와 교인 자격의 자율적인 심사권을 주장한 점에서는 비국교적 요소를 드러냈다. 한마디로 말해 비국교에 대한 반대인 동시에 비국교의 선언 자체이기도 했다. 그 자신의 입장에서 벗어나면서도 교회의 입장에서도 벗어났기에 교회 활동을 촉진시키기도 하고 위축시키기도 했다. 18세기의 국교는 19세기에 대두한 새로운 사상의 보금자리가 되었다. 성공회교회는 점차 통합적인 기관이 되어 다양한 의견을 수용하며 (영국이라는 나라가

---

5   "옥스퍼드 대학교에 세력 기반을 둔 영국 국교 중 고교회 멤버들이 주도한 운동이다. 초기 가톨릭의 교부 정신으로 돌아가 신앙의 열의와 구체성을 회복할 수 있는 신조와 예배의 전통을 계승해야 한다고 주창했다." 자크 바전, 「새벽에서 황혼까지 1500~2000: 서양문화사 500년 (2)」, 이희재 옮김(민음사, 2006), 24쪽. 이들의 종교철학을 강론한 팸플릿(*Tracts for the Times*)의 이름을 따 소책자 운동(Tractarianism)으로 부르기도 한다 _ 옮긴이 주.

그렇듯이) 화합과 타협을 통해 최종 결정을 내리는 성향이 농후해졌다. 고교회High Church 교단에서는 옥스퍼드 운동의 전통에 따라 가톨릭 교리와 의식에 충실해 정부로부터 독립을 고수했다. 저교회Low Church 교단에서는 초기 청교도처럼 『성경』에 권위를 두고 개신교의 교리와 의식에 충실했고, 정부를 고교회 교단의 탄압으로부터 자신들을 보호하는 방패막이로 인식했다. 저교회는 자유롭고도 열린 근대적인 성향의 교단으로 다른 교단들에 비해 교회의 권력구조나 운영보다 종교의 자유 자체에 관심을 둔다. 그러나 전반적으로 보아 교회 자치보다 교회에 대한 정부의 개입을 선호하는 양상을 띤다. 이렇듯 다양한 종파들은 정도의 차이가 있을 뿐 16세기 종교개혁 이래 잉글랜드국교회 안에서 항상 존재해 왔던 것이다. 다만 19세기에 들어 세부 사항과 주안점에서 차이가 늘어났을 뿐이다. 그리하여 잉글랜드국교회는 다양한 교단section으로 분산(분산된 것은 약점이 아니라 오히려 강점이 되었음)을 거듭해 결과적으로 보다 넓은 종교가 되었다.

1832년부터 오늘에 이르기까지 잉글랜드국교가 넓은 종교가 되었지만 관점을 달리하면 오히려 더 좁은 종교가 되었다고도 할 수 있다. 즉, 교회 세력의 지리적인 무대가 축소된 것이다. 잉글랜드국교회로 불리지만 종교개혁 시기 이래로 잉글랜드 땅에 한정된 종교가 아니었다. 다만 스코틀랜드까지는 세력을 확장하지 못한 것이 사실이다. 스코틀랜드는 시종일관 자신들의 고유 종교인 스코틀랜드 장로교회를 국교로 지정하고, 1707년 잉글랜드와 왕국이 통합된 후로도 국교의 지위를 고수하고 있다. 웨일스와 아일랜드는 사정이 다르다. 1536년 웨일스가 법적으로 잉글랜드에 통합되자 이 지역은 잉글랜드국교회의 관할지가 되었고 수백 년에 걸쳐 그 상태가 이어지고 있다. 아일랜드는 오래도록 독립 왕국의 지위를 유지했고 (적어도 형식에 있어서는) 잉글랜드성공회와 동격의 지위에 있는 아일랜드성공회를 유지했다. 그러나 1800년 아일랜드 왕국이 연합왕국으로 합병되자 (1707년 스코틀랜드 합병으로 국호가 달라졌듯이) 아일랜드성공회 또한 잉글랜드성공회와 합쳐서 '잉글랜드·아일랜드 연합교회The United Church of England and Ireland'로 명칭을 바꾸었다. 그리하여 1800년 이후로 잉글랜드국교는 잉글랜드, 웨일스, 아일랜드의 국교를 의미하게 되었다. 그러나 이 상태는 오래 지속되지 못했다. 아일랜드는 전통적으로 로마가톨릭 지역이었다. 그 땅에 잉글랜드국교를 세우는 일 자체가 일종의 일탈이었다. 1869년 아일랜드성공회는 다시 분리되었다. 단순한 분리에 그치지 않고 국교의 지위에서 이탈disestablish 했다. 달리 말하자면 정부와의 관계를 절연하고 자율교회임을 천명하면서 '아일랜드교회'로 개명改名한 것이다. 웨일스에서도 유사한 사태가 벌어졌다. 18세기 중반부터 많은 사람이 장로교 교단을 유지한 채로, 국민 정서에 맞는 '칼뱅주의 감리교'라는 이름의 감리교 일파로 개종했다. 1920년 마침내 웨일스성공회는 국교에서 이탈하고 '웨일스교회Church in Wales'라는 이름의 자율교회로 탈바꿈했다. 그리하여 이때부터 잉글랜드국교회는 오로지 (국교의 지위에서는) 잉글랜드 지역에만 한정된다. 그럼에도 불구하고 (정부의 통제를 받는다는 의미에서는) 잉글랜드에 한정되지 않고 웨일스, 스코틀랜드, 북아일랜드의 교회 대표자들과 연관되어 있다. 실로 기이하고도 비논리적인 지위에 선 것이다. 그러나 영국 땅에서는 아무리 비논리적인 일이라도 영국 사람들이 납득할 수만 있다면 살아남을 수 있다. 대부분의 영국인은 국교가 필요하고, 그 국교는 잉글랜드 땅에 한정되며, 국교와 연관된 일은 정부가 영국의 전 영토에 걸쳐 규제할 수 있음을 납득할 수 있는 사실로 받아들인다.

정부가 실제로 어느 정도까지 잉글랜드국교회를 통제하는지 묻기 전에 먼저 살펴보아야 할 일이 있다. 잉글랜드국교회는 잉글랜드 지역에 한정된 국교임이 분명하다. 그러나 신앙의 대상이자 교리와 의식의 공동체 내지는 종교 단위로서의 성공회는 잉글랜드 땅에 국한된 것이 아니라는 사실이다. 이는 마치 법이 곧바로 현실이라고 착각해서는 안 되는 것과 같은 이치다. 성공회는 잉글랜드 성공회뿐만 아니라 아일랜드교회, 웨일스교회에 더해 오래전부터 스코틀랜드의 국교인 스코틀랜드 장로교회와 병렬적으로 자율교회의 지위를 누려온 스코틀랜드성공회를 포괄한다. 그뿐만이 아니다. 성공회교회는 대영제국만큼 제국적으로 해외의 여러 영국 식민지와 자치령에 뿌리내린 종교다. 한 걸음 더 나아가 대영제국은 물론이고 영어를 상용하는 나라에서도 세력이 확대된 종교다. 미국 프로테스탄트 성공회교회The Protestant Episcopal Church in the United States가 한 예다. 이를테면 성공회라는 이름의 범汎아메리카주의가 존재한다고 할 수 있다. 1867년부터 10년 주기로 회합을 갖는 램버스 종교회의Lambeth Conference에서 전체 교단 차원의 입장과 방향이 결정된다. 이 회의에는 미국과 기타 지역, 다섯 대륙의 주교들이 참여한다. 과거 영연방의 제국회의보다 대표와 참여의 범위가 넓다.[6]

이렇듯 성공회는 실로 광대한 지역을 포괄하지만 핵심 기관은 잉글랜드에 본부가 있는 잉글랜드국교회이고 그 수장은 캔터베리Canterbury 대주교다. 세계적 차원의 교회 본부가 작은 나라의 국교회라는 사실은 패러독스라면 패러독스다. 잉글랜드국교회는 어느 정도까지 정부의 통제를 받는 국교인가? 교회 수장은 영국 수상의 추천을 받아 국왕이 임명한다. 교회 의식은 영국 의회의 규제 대상으로 의회는 변화를 허가하기도 거부하기도 한다. 성직자의 신상 문제에 관한 최종 결정권은 추밀원Privy Council의 사법위원회Judicial Committee라는 이름의 국가기관이 보유한다. 그러나 다시 한번 상기할 일은 법이 곧바로 현실을 대변하는 것은 아니라는 점이다. 보

---

6   회의의 소집권자는 캔터베리 대주교이고 회의에서 결정된 사항은 법적 효력은
    없으나 강력한 도덕적 권위를 가진다 _ 옮긴이 주.

수적인 영국 사회는 전통적으로나 법적으로 종교의 국가 관리 체제Erastian, étatiste를 유지했지만 실생활에서는 자유종교 제도를 견지해 왔다. 잉글랜드성공회가 1920년에 설치한 전국의회National Assembly[7]는 국교회라기보다는 세속적인 의미에서 나라의 정신과 행동 지침을 대변하는 기관이다. 고색창연한 교회들이 전국의 크고 작은 마을에 걸쳐 서 있고, 성탄절, 부활절, 성령강림절, 파종일과 수확일, 사적 행사와 공적 행사 등 영국인의 모든 일상에 성공회가 함께하고 있다. 교인들의 일상은 본질적으로 자유로운 정신 활동이다. 과거 국가의 통제가 법에 의한 통제였다면, 이 통제는 근본적으로 교회의 권위를 인정하는 전제 아래 행해진 통제, 다시 말하자면 교회의 판단과 행동에는 절대적 자유에 속하는 영역이 존재함을 인정하는 전제 아래 행해진 간접적인 통제였다. 잉글랜드 국교회는 전 세계에 산재한 성공회 교단의 중추로서 기독교 신앙을 바탕으로, 다른 기독교 교단을 이끌며 [20세기에 들어와 눈에 띄게 점증하는 세계 교회적(에큐메니컬ecumenical) 공동체를 건설하는 과업을 자처하고 나섬] 자유사회의 선봉장인 영국 의회와 영국 정부는 이들의 적이 아닌 동지다.

---

[7] 이 기관은 종래의 성직자로 구성된 캔터베리와 요크 대의원회(convocation)에 부가해 [평신도(laity) 위원회를 더해] 새로 설치된 기관이다 _ 지은이 주.

영국사의 종교적 요인

이 장에 기술된 과거의 종교 갈등을 그린 일부 내용이 '옛날 옛적, 불행한 쟁투의 시절'의 음울한 이야기로 비칠지도 모른다. 그러나 오랫동안 중단 없는 역사를 이어온 영국과 같은 나라에서 과거란 결코 죽어 없어지는 것이 아니다.[8] 종교의 영역에서는 더욱더 그렇다. 현재의 삶을 이해하려면 과거를 성찰하는 일이 필수적이다. 지난 400년간 영국 역사에서 종교와 교회가 맡은 역할이야말로 영국 사회의 본질을 이해하는 데 가장 지배적인 요인 중 하나다(많은 사람이 가장 중요한 요인으로 인식할 것임).[9] 나라를 분열시키는 치열한 쟁투의 중심이 된 주제는 다름 아닌 종교였다. 종교 갈등에서 사회적·정치적 갈등의 씨앗이 잉태된다. 이러한 거대 담론은 순수한 정치적 민주주의의 신봉자나 특히 역사를 사회적(또는

---

8   "사람들은 지금 영국은 몰락 과정에 있다고 한다. 그러나 19세기보다 지금의 영국은 더 잘산다. 다만 다른 나라들이 영국보다 앞선 데 지나지 않는다. 상대적으로 영국은 뒤떨어졌다고 하나 어느 영국인의 말과 같이 영국의 문명은 망하지 않고 어느 나라 문명보다 앞서 있다고 하겠다." 김성식, 『김성식 정치평론: 쓴소리 곧은 소리』, 297~298쪽 _ 옮긴이 주.

9   "영국의 종교는 생활화되어 있다. 대주교나 주교들의 유해를 많은 교인이 출입하는 성당 안에 안치한다는 것은 그들의 선행을 직접 느끼게 하는 표본이 된다. 종교는 우상이 아니다. 일종의 생활 방법이다. 민중과 멀리 떨어진 종교는 우상교에 불과하다." 김성식, 『내가 본 서양』, 104쪽 _ 옮긴이 주.

경제적) 관점에서 해석하는 '사회'민주주의의 주창자에게는 지나친 일반화로 비칠지도 모른다. 그러나 분명히 종교적 열쇠야말로 영국인의 일상적 삶에 설치된 각종 문의 대부분을 열 수 있는 열쇠임에 의문의 여지가 없다. 영국사에 비국교가 끼친 막대한 영향에 대해서는 이미 살펴보았다. 이제 보다 넓은 관점에서 성공회와 비국교를 함께 묶어 살펴보자. 우선 영국에 고유하고도 핵심적인 사실에 주목해 보자. 영국은 다른 유럽 국가들(가령 영국과 유사점이 많은 스웨덴 등)과 한 가지 점에서 결정적인 차이를 보인다. 즉, 로마가톨릭이 아닌 두 개혁 종교(성공회와 비국교)가 거의 동등하게 세력을 유지하며 균형을 이루어왔다는 사실이다. 이는 다른 어느 나라에서도 찾아볼 수 없는 영국 고유의 현상이다. 이 사실이 의미하는 바가 무엇인가? 먼저 로마가톨릭과 결별한 두 교단이기에 입장을 공유하는 점이 많을 것이다. 반면에 로마가톨릭과 결별한 사유와 결별 후에 걸어온 길이 다르다. 이렇듯 두 교단 간에는 공통점과 차이점이 함께 존재한다. 1688년 성공회와 비국교는 힘을 합쳐 국왕과 로마가톨릭에 대항해 의회주권을 세운 혁명을 성취했다. 현실에서는 공통점보다 차이점이 빈번하게, 그리고 보다 명확하게 드러나는 법이다. 그러나 언제나 합의와 차이가 공존해 왔다. 그 결과는 무엇인가?

첫째, 의회민주주의의 발전에 원동력이 되었다. 의회민주주의의 본령은 '근본적인' 문제에는 동의하고, '비근본적인 그러나 근본

케임브리지셔 배링턴(Cambridgeshire Barrington)의 시골 풍경
왼쪽 위: 교회, 오른쪽 위: 방앗간
아래: 회중교회[올리비아 바커(Olivia Barker) 제공]

적이라고'(매우 역설적으로 들릴지 모르지만) 생각하는 문제에 대한 차이를 존중하는 데 있다. 이러한 경지에 이르기는 쉽지 않다. 그러기 위해서는 먼저 차이를 존중하면서도 자신의 정체성에 대한 확신을 가져야만 한다. 이러한 입장과 자세를 유지해야만 의회민주주의를 원활하게 운영할 수 있다. 이러한 자세는 종교 생활을 통해 배양된 것이다. 이는 서로 다른 교리와 의식을 유지하면서도 하나로 묶는 통일된 신념으로 종교개혁을 완수한 위대한 영국의 경험에서 얻어진 것이 아니겠는가?

둘째, (방금 논의한 내용을 더욱 심화시키자면) 종교적 경험이 의회민주주의의 원활한 운용에 필수적인 정당제의 발전에 결정적으로 기여한 것이다. 앞서 살펴본 것처럼 17세기 후반 들어 종교를 기반으로 하는 정당들이 탄생했다. 휘그당은 비국교도 및 청교도와 결합했고, 토리당은 성공회교도와 결속했다. 애당초 서로 다른 정당을 만드는 근본적 이유fundamentum divisionis가 종교 때문이었고, 이는 수백 년간 이어져 온 전통이 되었다. 20세기 초에 노동당이 출현하면서 종래의 판도에 변화가 생긴 것은 사실이다. 그러나 노동당 자체도 노동운동 일반의 추세와 함께 종교적 색채, 특히 비국교도적 성향을 띤다고 평가할 여지가 충분하다. 영국 노동당은 유럽 대륙의 유사한 성향의 정당들처럼 반종교적 또는 비종교적 세속 정당이 결코 아니다. 대륙과는 판이하게 다른 역사적·종교적 경험을 통해 영국인이 터득한 계몽과 진보의 관념 속에는 반종교적 요소를 전혀 찾아볼 수 없다. 교회와 성직자에 대한 반감이 확고한 대륙과는 달리 영국의 자유주의 세력과 노동당은 이러한 종교적 전통을 극진히 존중한다.

셋째, 의회민주주의의 방법과 정당정치의 정신은 물론이고 영국인의 공적 활동과 사적 일상에서 중요한 결정도 많은 경우 종교적 요인에 따라 이루어진다는 점을 주목할 필요가 있다. 가령 18세기에 영국은 프랑스혁명과 같은 혼돈의 늪에 빠지지 않고 종교 혁명(웨슬리언 혁명)을 이룩했다. 만약 종교 채널을 통하지 않고 정치적으로 사회변혁을 기도했더라면 엄청난 사회적 혼란과 경제적 타격을 받았을 것이다. 라이벌 종교 간의 갈등을 조정하며 사회변혁을 추구함으로써 무리 없는 변혁을 성취했다. 영국 역사에 종교가 미친 영향을 다른 측면에서 추적할 수 있다. 한 예로 교육 부문을 보자. 대중 교육의 확산은 국교와 비국교가 함께 주도한 '일요학교 운동Sunday School movement'[10]과 밀접하게 연관되어 있다. 나라의 교육을 선도한 주체가 정부가 아니라 종교 단체였다. 오늘에는 국가의 역할이 증대되기는 했지만 이들 종교 단체가 주도해 설립한 자율적인 교육기관은 아직도 영국 교육의 중요한 요소로 남아 있

10   주로 노동자계급의 자녀를 대상으로 일요일 예배에 앞서 교리를 강습하는 모임이다. 1785년에 참여 아동 수가 약 25만 명(맨체스터에서만 5만 명)으로 늘어났다. 1870년 초등학교법(Elementary Education Act 1870)으로 초등 과정의 교육이 국가에 의한 의무교육으로 바뀌며 사라졌다 _ 옮긴이 주.

다. 과거의 유산으로서만이 아니라 미래에 대한 영감으로서 종교가 작동하고 있는 것이다. 공교육은 물론이고 사교육을 포함한 국가의 모든 교과과정에 종교적인 요소가 짙게 투영되어 있다.

마지막으로 앞서 살펴본 것처럼 종교는 영국의 제도와 영국인의 일상에 심대한 영향을 미친 금과옥조의 가치였음에 주목할 필요가 있다. 유사 이래 영국인은 한 번도 국가의 완결성을 신봉한 적이 없다. 어떤 정치 신조나 생활철학에도 절대적인 가치를 부여하지 않았다.

영국인은 언제나 국가 영역과 민간 영역이 공존하고, 자율적 기관에 고유한 활동 영역이 있음을 믿어 의심치 않았다. 나아가서 국가는 (신탁법 또는 그 밖의 수단을 통해) 자율적 기관의 활동을 위축시키는 대신 촉진시키고, 이들을 흡수하는 대신 이들과 공조할 의무를 진다고 믿어왔다. 영국인은 종교적 경험, 그중에서도 특히 비국교도의 경험을 통해 이러한 교훈을 체득했다. 자율교회는 다양한 자율 단체의 생성을 촉진하는 사회 분위기를 조성했다. 대표적인 예가 노동조합이다. 종교는 영국인들이 생을 영위하고 인간으로서 존재와 행동에 자부심을 느끼게 하는 사회적 기초를 마련해주었고, 국가 존립의 정치적 토대를 구축해 주었다. 종교적 경험이야말로 자유로운 영국 사회를 지탱하는 가장 원초적이자 핵심적인 요소인 것이다.

제6장
—
영국의 문화적 자산

교육

　잉글랜드 교육제도의 발전 과정은 일견 역설적으로 비친다. 그
러나 찬찬히 살펴보면 순리적이고 합리적인 면모를 확인할 수 있
다. 교육은 처음에는 상류층에서 시작해 중간층을 거쳐 마침내 일
반 대중에까지 확산되었다. 옥스퍼드 대학교와 케임브리지 대학
교의 역사는 1200년경까지 소급되는데 이들은 극소수의 엘리트 양
성기관이었다. 16세기에 들어와 대학 예비 학교들이 설립되며 [윈
체스터 Winchester(1380)와 이튼 Eton(1440)은 그 전에 설립되었지만] 저
변이 확대되었고, 19세기 말에 들어서는 나라의 모든 아동을 대상
으로 하는 공립 초등학교 체제가 완성되었다. 발전된 현대 제도 속
에 아직도 초기와 중기 교육제도의 유산이 섞여 있다. 즉, 중세와

튜더Tudor 시대의 잔재가 오늘날의 제도 속에도 상당 부분 남아 있는 것이다. 역사의 연속적인 발전의 결과 잉글랜드의 청소년 교육은 기이한 양분 현상을 드러낸다. 종교에서 양분 현상을 보였듯이 교육에서도 두 개의 서로 다른 제도가 병존한다. 영국인은 누구나 이러한 양분 현상에 역사적인 연유가 있음을 인정한다. 한편으로 영국은 구제학교old schools(이하 퍼블릭스쿨)를 거쳐 옥스퍼드 대학교나 케임브리지 대학교에 진학하는 사람들의 나라라고 말할 수가 있다. 이런 사람들이 정부와 교회의 고위직을 포함한 상류사회를 주도한다. 그런가 하면 국가가 설립한 신규학교new schools를 거쳐 (대학 교육의 기회가 주어진다면) 19세기 내지 20세기에 설립한 런던 대학교나 맨체스터 대학교와 같은 신생대학을 졸업하고, 하급 공무원이나 그 밖에 덜 빛나는 생업에서 일상의 만족을 구하는 사람들의 나라라고 말할 수도 있다. 만약 사실이 이러하다면 영국은 과연 민주주의의 나라라고 부를 수 있을까? 아직도 귀족주의 사회가 아닐까? 보다 정확하게 말하자면 교육 부문에서 이렇듯 치명적으로 혼성 분리된 사회, 절반은 귀족적이고 나머지 절반은 민주적인 사회라지만, 귀족적인 요소가 더 강한 나라가 아닐까?

현실을 직시해 보자. 어느 나라에서나 엘리트 양성은 반드시 필요한 국가적 사업이다. 그러나 민주주의국가라면 재능 있는 모든 국민에게 엘리트 교육의 기회가 자유롭게 널리 열려 있어야 한다. 현재 기준으로 옥스퍼드 대학교와 케임브리지 대학교에 약 1만 명의 학생이 있고 이 숫자는 잉글랜드, 스코틀랜드, 웨일스를 아우르는 영국 전체 대학생 수의 약 5분의 1에 해당한다. 이들 1만 명 중 약 3분의 1은 공립 초등학교elementary school 졸업생이고, 이 중 절반은 학자금 지원을 받고 있다. 이렇게 본다면 대학이 특권층의 전유물이라거나 퍼블릭스쿨 출신만을 받는다는 비판은 근거가 없다. 그렇다면 퍼블릭스쿨은 어떤가? 이튼, 윈체스터, 해로Harrow, 럭비Rugby(뒤의 두 학교는 16세기에 세워졌음)와 이들을 본떠 19세기에 설립된 말보로Marlborough나 첼트넘Cheltenham의 경우는 어떤가? 흔히 말하는 퍼블릭스쿨의 본질은 기숙학교라는 데 있다. 귀족과 신사 계급의 자녀들이 교육을 받기 위해 집을 떠났던 중세의 전통에서 유래한 것이다. 1년 중 4분의 3 기간은 학교에서 침식을 함께하며 교육을 받았다. 세간에 일반적으로 통용되는 '퍼블릭스쿨 보이'란 이들을 가리킨다. 현재 퍼블릭스쿨의 남학생 총수는 약 2만 명이다. 그러나 용어가 혼란스럽지만 기술적으로 '퍼블릭'[1]인 학교

---

1 기술적인 의미에서 퍼블릭스쿨이란 학교장협의회(Headmaster's Conference)로 불리는 기관에 의해 대표되는 학교에 한정된다. 협의회에 의해 '대표'되기 위해서는 (다른 조건과 함께) 자발적으로 설립된 상설 감독 기관이 공익의 관점에서 운영하고, 영국 대학에 입학 자격을 갖춘 적정한 숫자의 남학생을 보유해야 한다. 이러한 학교의 학생(이들 중 상당수는 전부 또는 대부분 통학생임) 총수는 약 6만 명에 이른다. 그러나 일반적인 의미에서 퍼블릭스쿨이란 학교장협의회가 대표하는, 전원이 기숙사 생활을 하는 학교만을 지칭하고 이들 학교의 학생 총수는 넓은 의미의 퍼블릭스쿨 학생 총수의 3분의 1인 2만 명 정도다 _ 지은

에 통학하는day school 학생까지 포함한 숫자는 그 두 배를 넘는다. 여기서 퍼블릭스쿨 보이에 관한 논의는 이 제도의 핵심을 고려해 '기숙학교 학생'에 한정한다. 학생의 출신 성분과 기숙학교의 교육은 어떠한가? 이 질문에 대해 엇갈린 대답이 가능하다. 이들이 받는 교육은 (지적·도덕적·육체적 모든 점을 통틀어) 지구상 어느 나라에서도 찾아볼 수 없을 정도로 명실공히 세계 최고라는 주장도 있다. 기숙학교는 최고 수준의 위대한 교육 전통을 상속받았다는 것이다. 그런가 하면 다른 한편으로 교육비가 엄청나게 많이 드는 것도 사실이다. 기숙사비만 연평균 120파운드에 달하고[2] 그 두 배가 넘는 학교도 있다(장학금과 보조금 제도가 있지만 절대다수의 학생은 부모가 학비를 부담함). 현실이 이러할진대 대학 입학 전 단계에서 영국 최고의 교육은 부유층의 전유물이 되는 경향이 농후하다. 이는 심각한 문제다. 현실 세계에서 교육은 사법, 교회, 그 밖에 영국의 삶의 모든 중요 영역에서 고위직의 문을 여는 열쇠로 작동한다. 영국의 앞에 가로놓인 과제는 전통적인 기숙대학의 문호를 넓혔듯이 기숙대학 예비 학교의 문호도 넓히는 데 있다. 앞서 말했듯이 옥스퍼드 대학교와 케임브리지 대학교 학생 1만 명 중 3분의 1은 공립 초등학교 출신이다. 이들 중에 절반은 학자금 지원을 받는다.

이 주.

2   현재 가치로 환산하면 약 1만 8000만 파운드(한화 3000만 원)다 _ 옮긴이 주.

유사한 제도가 2만 명이 재학하는 퍼블릭스쿨에도 시행되어야 한다. 그러지 못하면 퍼블릭스쿨의 장래는 불투명하고 암담하다.

지금까지 교육제도의 역사적 기원과 발전 과정, 그리고 현재까지 남아 있는 영향에 대해 간략하게 살펴보았다. 이제 이 교육제도의 현주소를 직시해 보자. 오늘날 교육의 대종은 국가가 주도하지만 교육의 자발성과 자율의 원칙은 모든 단계에서 유지되고 있다. 영국은 국가가 교육 분야에 늦게 참여한 지각생이다. 전적으로 그 이유 때문만은 아니지만, 이미 기능을 수행하고 있는 자율적 기관의 자발적 영역에 맡겨둘 영역이 있고, 그 대표적인 예가 교육이라는 관념이 지배하고 있었기 때문이다. 정부가 교육 영역에 처음 개입한 때가 1833년이다. 이때 자율적 단체가 초등학교를 개설하게끔 정부 지원금으로 책정된 예산은 단돈 2만 파운드에 불과했다.[3] 1870년에야 비로소 정부가 직접 책임을 떠맡았다. 그런 뒤에 19세기 말에 이르기까지 길고도 험한 길을 걸었다. 첫째, 기존의 자율 사립 초등학교를 대체하거나 이에 더해 공립 초등학교를 개설했다(지금도 전체 학생의 3분의 1 이상이 자율 사립 초등학교에 재학함). (공립이든 사립이든) 무상·의무 교육을 실시하고 교육연령을 14세까지 올렸다. 둘째, 1902년부터 전통의 퍼블릭스쿨이나 그 밖의 자율적 중등post-elementary 또는 secondary 교육기관을 대체하거나 이에

---

3   현재 가치로 환산하면 약 3000만 파운드(한화 520억 원)다 _ 옮긴이 주.

더해 공립 중등학교를 설립했다. 현재 50만 명에 가까운 남녀 학생 중 절대다수가 전일반full-time 공립 중등학교에 다닌다.[4] 셋째, 정부는 대학을 설립하지는 않았지만 (영국에는 국립대학이 하나도 없음) 연간 200만 파운드에 가까운 거액을 아무 조건 없이 보조금으로 지급한다. 이에 더해 일반 국민을 대상으로 하는 성인교육에 지원금을 투여하기 시작했다. 1833년에 연간 2만 파운드였던 교육예산이 1937년에는 (국세 및 지방세 수입에서) 연간 1억 680만 파운드로 증가했다.[5]

현재 교육제도가 처한 상황과 관련해서는 기초적인 사실을 기술하는 것조차 무리일 것이다. 그래도 몇 가지 특징을 지적해 본다. 우선 교육제도 전반에 걸쳐 '권력의 분산' 현상이 정착되어 있음을 감지할 수 있다. 이 현상은 두 측면에서 나타난다. 첫째, 앞서 살펴본 것처럼 자율적 기관과 정부 기관 간의 분립이다. 초등교육 영역에서 공립학교와 함께 종교 기관에서 운영하는 자율voluntary 또는 non-provided 학교도 있다. 중등교육 과정에는 국가가 설립해 운영하는 공립학교와 함께 자율적인 주체가 운영하는 소위 퍼블릭스

---

4 현재 진행 중인 전쟁(제2차 세계대전)이 발발할 무렵 학생 총수는 약 47만 명이었고, 성비는 남학생이 52.6퍼센트이고 여학생이 47.4퍼센트였다. 남학생 25만 명 중에 10분의 1에 못 미치는 약 2만 명이 기숙학교 학생이었다 _ 지은이 주.

5 1937년 교육예산은 현재 약 160억 2000만 파운드(한화 27조 6000억 원)에 해당한다 _ 옮긴이 주.

쿨을 위시한 다양한 종류의 사립학교가 있다. 여기에서 다시 한번 영국의 전통인 정부와 민간이 분리되면서도 협조하는 현상을 확인할 수 있다. 둘째, 중앙정부와 지방정부 간의 권력 분립 현상을 확인할 수 있다. 교육에 관해서 일차적으로 정부는 민간과 권력을 나누고, 이어 이차적으로 중앙정부의 교육위원회Board of Education 가 수많은 지방 교육청Local Education Authorities: LEA과 권한을 나눈다.[6] 두 기관 간의 권한 배분의 양상을 살펴보면 교육위원회가 정책의 기본 원칙을 결정하고 담당 직원이 준수 여부를 감독한다. 지방 교육청은 이 원칙을 지역사회의 구체적인 실정에 맞추어 적용하면서 상당한 재량권을 행사한다. 중앙과 지방의 관련 기관 간의 관계는 앞서 제3장에서 언급한 것처럼 아름다운 동행이다.

이러한 권력 분립 외에도 영국 교육기관의 또 다른 특성은 다름 아닌 자유다. 권력 분립의 결과 기관들은 스스로의 독립성을 지킬 방패를 보유하게 되었다. 영국의 교육제도를 관통하는 빛나는 자유에는 두 측면이 있다. 첫 번째는 매우 소중한 '교육자의 자유'다. 이 자유는 영국 대학에서 두드러진다. 대학은 스스로 통치하는 자

---

6   지방 교육청이란 카운티와 카운티 자치군의 초·중등 교육을 맡은 기관과 비(非) 카운티 자치군의 교육위원회(초등교육만 맡음)를 포함하는 총칭이다. 이들 위원회는 (일반 주민 중에 선출된 위원과 함께) 자신들을 임명한 카운티와 카운티 자치군의 교육위원회에 대해 법적 책임을 진다. 그러나 사실상 해당 지역의 교육 정책을 결정한다 _ 지은이 주.

율적 기관이다. 국가는 대학을 지원할 뿐 통제는 전혀 하지 않는다. 교수와 강사는 대학 스스로 임명하고 이들이 강의하는 내용도 진리를 탐구하는 교육자 자신의 열정으로 결정된다. 그러나 이러한 대학교수의 자유는 전체 교육자들이 누리는 자유 중 지극히 미세한 일부분일 뿐이다. 교사들은 대체로 독자적으로 교과 내용을 결정할 수 있다. 지방 교육청이 지정하고 구입해 보급하는 텍스트 목록에서 자신이 가르칠 교과서를 선택할 수 있다. 또한 교사들은 직업윤리가 허용하는 범위 안에서 스스로의 양심에 따라 정치적 소신과 사회적 입장을 표명할 수 있다. 국가는 교육의 기제機制를 조직하고, 교사는 그 기제에 자유롭게 정신적 실체를 채운다. 교육위원회는 「교사용 핸드북A Handbook of Suggestion for the Consideration of Teachers」을 발간해 초등학교 교사의 선택을 지원한다. 이 핸드북의 제목은 특별한 의미를 지닌다. 즉, 단순한 언어가 아니라 구체적인 사실을 기록한 것이다. 교육위원회와 위원회의 감독관은 단지 '권고'할 뿐이며 결코 강제하지 않는다. 비록 그 권고가 사실상 명령의 결과를 초래할지라도.

영국의 교육제도에 내재한 두 번째 자유는 '시민의 자유'다. 즉, 다양한 학교 중에 선택할 수 있는 시민의 자유다. 선택의 자유는 민주 사회의 핵심 가치다. 영국은 프랑스처럼 모든 학생에게 예외 없이 동일한 기준의 학교가 강요되는 '유일 학교l'école unique' 제도를 채택하지 않는다. 학부모와 학생은 공립학교와 사립학교 중에서 자유롭게 선택할 수 있다. 이 사실에 대해서는 장래에 평가가 갈릴 수 있다. 다양한 대상 중 하나를 선택할 자유를 민주주의의 핵심 가치로 보는 데 모든 사람의 의견이 일치하는 것은 아니다. 일부 국민은 (이러한 국민의 숫자가 점차 느는 추세인 듯함) 민주주의 원칙에 충실하려면 모든 학교는 공립이어야 하고, 누구나 이런 공립학교의 교육을 받아야 한다고 믿는다. 이는 민주주의의 본질에 대한 신념의 문제다. 만약 민주주의가 평등, 그중에서도 획일적인 평등을 지상 가치로 인정한다면 현재 영국(특히 잉글랜드)의 교육제도는 민주주의 원칙에 어긋난다. 반면에 민주주의가 자유를 지상 가치로 신봉한다면 교육 영역에서 학부모와 학생에게 그들의 소신과 취향에 따라 다양한 학교 중 선택할 자유를 부여하는 영국(특히 선택의 폭이 넓은 잉글랜드)의 교육제도는 민주주의에 부합한다. 그러나 이러한 입장에 동의하는 사람들도 오늘의 현상에는 만족하지 않을 것이다. 교육에서 부유층에게만 주어지는 선택의 자유는 진정한 선택의 자유도 아니고 민주주의도 아니다. 현재의 제도가 모든 사람에게 선택의 자유를 허용하지 않는 제도지만 그렇다고 해서 즉시 폐지할 수도 없다. 그러는 대신에 적극적으로 문호를 개방할 것을 요구하고, 그 조건 아래서 현재의 제도를 유지하고 존중하는 것이 옳을 것이다. 그렇게 함으로써 민주주의의 이상과 본질적인 '시민의 선택의 자유'를 조화롭게 함께 추구할 수 있다고 믿는다.

지금까지 영국 교육제도의 현상을 조직 일반과 조직의 운영 원리에 초점을 맞추어 대략 살펴보았다. 다음으로 최근의 발전과 변화를 예증하는 몇 가지 현상을 짚어보자. 그중 하나는 초등교육에서 2단계, 즉 5세에서 11세까지의 첫 번째 단계와 11세에서 14세까지의 두 번째 단계 간에 분화가 일어나고 있다는 것이다. 전자는 저학년학교junior school의 몫이고 후자는 고학년학교senior school의 몫이므로 이렇게 이원화하는 것이 각각의 연령대에 맞는 교육을 실시하는 데 매우 효과적이다. 고학년학교는 학생들이 처한 환경을 직시하는 교육에 중점을 둠으로써 과거의 단일 초등학교 제도 아래서보다 실용적인 삶의 지혜를 배양하는 데 주력한다. 이러한 변화는 1926년 교육위원회의 권고에 따른 것으로 오늘에 이르기까지 점진적으로 이루어져 왔다. 이보다 오래된 또 다른 변화는 여성도 남성과 같은 조건으로 교육의 기회를 누리게 된 것이다. 이러한 변화는 1848년에 시작해 그 후 60년 동안 열기가 더해지고 범위가 확대되었다. 오늘날 영국 대학생의 3분의 1이 여성이다. 이 비율은 옥스퍼드 대학교나 케임브리지 대학교처럼 오래된 학교에서는 다소 떨어져 옥스퍼드는 5분의 1, 케임브리지는 10분의 1 수준이다. 700년 넘게 남성의 전유물이었던 대학이 남녀공학으로 바뀌고, 교수진과 이사진에도 여성을 수용한 것은 실로 획기적인 변화다. 대학 예비 학교 차원에서는 여학생과 남학생의 숫자가 거의 같다. 또한 학교 선택의 폭도 남학생에 뒤지지 않는다. 남학생의

전통의 옥스브리지
위: 옥스퍼드 대학교 래드클리프 도
서관(E.N.A. 제공)
아래: 케임브리지 대학교 대회의장
[케임브리지 주민 터너(Turner) 제공]

퍼블릭스쿨과 유사한 기숙 여학교도 있다. 공립학교는 물론이고 그 밖의 자율적 사립학교도 남학생의 경우와 차이가 없다. 이렇게 늘어난 교육 기회를 바탕으로 여성의 사회 진출 기회도 확대되어 (남성과 동등한 기준으로 여성에게도 1919~1929년 투표권이 부여되었음) 전문직에도 진출했는데, 특히 의료직에서 괄목할 만했다. 중앙 정부의 공무직에도 여성이 진출했고 지방정부와 자율적인 민간단체의 운영에도 남성과 협력하며 과업을 수행하고 있다.

마지막으로 성인을 대상으로 하는 평생교육의 발전을 특기할 필요가 있다. 여러 대학들, 근로자교육협회Workers' Education Association 같은 자율적 단체들, 지방자치단체가 협력해 남녀 성인 근로자에게 교육을 실시한다. 이런 운동은 20세기 초에 시작해 이미 상당한 수준에 올랐으며 전쟁이 끝나면 더욱 활성화될 것이다. 지금도 옥스퍼드 대학교의 러스킨칼리지Ruskin College와 같은 기숙대학 제도가 운영되고 있다. 근로자는 6개월에서 1년 동안 기숙하며 대학 과정을 이수할 수 있다. 앞으로 나라 방방곡곡에 '인민대학Peoples College'으로 부름직한 교육제도가 탄생할 수도 있을 것이다.

이는 전국 각 지역에 기숙대학을 열어 거주민은 물론이고 비거주민도 함께 수강하는, 전 국민의 대학이다. 이리하여 교육 수준은 찬양할 만하지만 비용이 너무 드는 퍼블릭스쿨이 전 국민에게 개방되고 이러한 정신에 기초한 인민대학 제도가 정착되면, 영국의 교육제도는 그야말로 새 시대의 요청에 부응하게 될 것이다.[7]

신문과 방송

영국 언론의 역사는 연조가 깊고도 명예롭다. 실로 자유 언론이
야말로 수백 년에 걸쳐 영국 국민이 추구해 온 '토론에 의한 정부'
라는 민주제도에 가장 선명하고도 핵심적인 전제 조건이다. 지금
필자의 책상 위에 놓인 ≪더타임스≫의 발행 호수는 4만 9220호다.
까마득한 옛날인 1785년에 창간한 것이다. ≪더타임스≫는 창간
당시에도 런던의 유일한 일간신문은 아니었다. 현재에도 ≪데일
리텔레그래프Daily Telegraph≫, ≪데일리헤럴드Daily Herald≫, ≪데
일리메일Daily Mail≫, ≪데일리익스프레스Daily Express≫, ≪뉴스
크로니클News Chronicle≫ 등 다른 신문들이 상당수의 구독자를 확
보하고 있다. 런던만이 아니다. 다른 도시에도 유력 신문들이 많
다. 런던만 신문의 도시가 아니다. 에든버러Edinburgh의 ≪스콧츠맨
Scotsman≫, 글래스고Glasgow의 ≪글래스고헤럴드Glasgow Herald≫,
리즈Leeds의 ≪요크셔포스트Yorkshire Post≫, 맨체스터의 ≪맨체스
터가디언Manchester Guardian≫ 등 이루 셀 수 없을 정도다. (조·석간
으로 하루 두 차례 발행하는) 일간지에 더해 발행 횟수가 성긴 정기간
행물도 많다. ≪뉴스테이츠맨New Statesmen≫이나 ≪스펙테이터

---

7   이 주제에 관한 간결하고도 명료한 연구로 Kenneth Lindsay, *(Britain in Pictures)*
      English Education(London: W. Collins, 1941)이 있다 _ 지은이 주.

Spectator≫ 같은 주간지에다 ≪옵서버Observer≫와 ≪선데이타임
스Sunday Times≫라는 양대 일요판 신문에 더해 ≪나인틴스센추리
Nineteenth Century≫와 ≪포트나이틀리Fortnightly≫, 그리고 발행 주기
가 긴 ≪라운드테이블Round Table≫, ≪쿼터리리뷰Quarterly Review≫
도 있다. 여기까지 열거한 신문과 잡지는 주로 식자층 독자를 대상
으로 한 출판물이다. ≪뉴스오브더월드News of the World≫나 ≪피
플People≫과 같이 발행 부수가 엄청난 대중용 신문과 ≪픽처포스
트Picture Post≫, ≪존불John Bull≫, ≪런던오피니언London Opinion≫,
≪태틀러Tatler≫, ≪스트랜드매거진Strand Magazine≫, ≪홈챗Home
Chat≫과 같은 잡지도 엄연한 언론기관이다. 이만하면 양적으로는
풍요롭다. 그렇다면 질은 어떤가? 그리고 독자에게 어떤 즐거움을
주는가? 민주주의의 본령이 그렇듯이 영국 언론은 정치적 색채가
강하고, 대체로 고도의 정치적 책임을 유념해 왔다. 1695년에 의
회가 언론검열법Licensing Act의 효력 연장을 거부한 사건을 계기로
언론에 대한 정부의 사전 검열권은 전면적으로 폐지되었고, 언론
은 명실공히 자유로운 존재가 되었다. 이 말은 언론 매체는 어떠한
사전 검열imprimatur 없이 원하는 내용의 기사를 출판할 수 있고, 출
판된 내용이 명예훼손의 법리law of libel를 위반한 경우에 한해 사
후에 법원의 제재를 받을 수 있을 뿐이라는 의미다.

19세기 초 정부가 명예훼손법[선동적 명예훼손seditious libel(반정
부 언론 행위)을 포함함]을 무기로 언론 탄압을 시도하며 큰 논란이

인 적이 있다. 그런 시대는 이미 역사의 뒷전으로 사라졌다. 어느 법률가의 말대로 명예훼손법은 적어도 이론적으로는 정부의 행위를 비판할 자유를 제약한다. 하지만 현실에서 정부는 언론의 논조를 유도하지 않고 유도할 시도조차 하지 않는다. 기자들은 취재의 목적으로 정부의 각 부처 직원들과 항상 밀접한 관계를 유지하지만 자신들이 얻은 정보를 자유롭고 독자적으로 활용한다.[8]

오늘날 언론과 정부의 관계보다 더욱 중요한 것은 언론과 자본의 관계와 현대 기업의 운영 방식이다. 이 문제는 올드저널리즘과 뉴저널리즘 사이에 차이가 있는 듯하다. 올드저널리즘이란 19세기 말에, 보다 정확하게는 1896년 5월 4일 ≪데일리메일≫이 창간된 날까지의 언론을 지칭한다고 볼 수 있다.[9] 당시의 언론을 일러

8 전쟁 중인 지금은 정부가 비상시특별법(Emergency Powers Act)에 따라 별도의 권한을 가진다. 즉, 공공의 이익을 위해 국토방위 명령(defense regulations)을 발동할 수 있다. 이 명령 조항에 의거해 1941년 1월 공산당 기관지인 ≪데일리워커스(Daily Workers)≫에 정간 조치를 내리는 한편 다른 신문에 대해서도 경고 조치를 내렸다. ≪데일리워커스≫의 정간 조치는 나중에 해제되었다 _ 지은이 주.

9 "영국의 자유민주 정치는 언론의 자유에서 기인되어 있다. ≪데일리메일≫이 창간된(1896.5.4) 뒤 영국 신문은 정당과 깊은 관련이 있게 되고 정당정치에 대한 시비를 열렬히 하게 되었다. 그리하여 언론은 제4부(The fourth estate)로 등장하게 된 것이다. 따라서 영국인은 누구보다 신문을 열심히 본다는 것이다. 국민이 가려운 데를 잘 긁어주기 때문이다." 김성식, 『김성식 정치평론: 쓴소리 곧은소리』, 83쪽 _ 옮긴이 주.

'계도적啓導的, tutorial' 저널리즘으로 부를 수 있다. 당시의 신문은 정당과 밀접한 연관을 맺고 여론 추이를 예민하게 추적함으로써 민주정치의 과정에 조력했을 뿐만 아니라 대중을 상대로 어떤 입장을 가지는 것이 올바른지를 계도하는 역할도 자원했다. 그리하여 언론은 왕국의 제4의 부fourth estate의 지위를 지향하며 국정 수행에서 막중한 책임을 자임하고 나섰다. 뉴저널리즘은 다른 양상을 띠게 되었다. 누군가의 말을 빌리면 국민을 접대하려면 종복從僕이 읽을거리를 제공해야 한다는 식의 언론관이다. 이러한 유형의 언론은 민주주의라기보다는 선동주의에 가깝다. 뉴저널리즘의 등장으로 생긴 변화는 이뿐만이 아니다. 뉴저널리즘은 기업계에도 혁명적인 변화를 일으켰다. 과거에 신문사를 소유했던 품위 있는 기업은 뒷전으로 물러나고, 언론업계 전면에 트러스트 내지는 카르텔 수법을 동원해 유관 기업을 사들이는 새로운 신문 산업가가 등장했다. 그리하여 20세기의 최초 사분기 동안 영국의 언론 산업은 혼란의 도가니였다. ≪더타임스≫조차 한동안 비틀거렸다. 언론 산업이 금권 지배의 시대에 접어든 양상이다.

이제 사태는 어느 정도 진정된 듯하다. ≪더타임스≫도 다시 제자리로 돌아와 독립된 지위를 찾은 것으로 보인다. 그러나 변화의 여파는 아직도 가볍지 않다. 많은 사람이 언론이 자본에 종속되어 노동자를 적대시하고 기업의 대변인으로 전락했다고 생각한다. 적절하게 변명하기 힘든 비판이다. 돈이 언론의 영역에 침입했다. 그

것도 자본의 보편적인 대의명분을 위해서가 아니라 오로지 더 많은 돈을 벌 목적으로 침입한 것이다(물론 자본의 기본 속성은 결코 이타적이지 않음). 자본은 언론을 배당금의 일종으로 간주한다. 발행 부수가 많은 신문일수록 광고 수입이 높고 따라서 배당금도 커지게 마련이다. 가만 내버려두면 언론은 돈만 내면 어떤 주장이라도 실어줄 것이다. 그 결과는 반응이라기보다는 선동이 될 것이다. 이러한 뉴저널리즘에 대한 적대감의 핵심은 독자가 원하는 내용을 제공한다는 허울 좋은 명분 아래 실은 언론 자신이 생각하는 바대로 독자의 희망을 규정함으로써 독자가 실제 원하는 것보다 저급한 내용을 제공한다는 데 있다. 이는 독자의 취향을 왜곡하는 것을 넘어 품격을 떨어뜨리는 짓이다. 그러나 어떤 질병도 스스로 치료약을 만들어내기 마련이듯 대중의 취향은 본성이 완고하다. 오늘날 벌써 치료약이 유통 중에 있다. 한때 참신했던 것도 이내 케케묵은 옛날이야기가 되고 말기에 양식과 상식을 담아 신선도를 유지하기 어렵다. 이것이 삶의 교훈이다.[10] 이러한 삶의 교훈은 신문

10 "이것은 지나치게 낙관적인 예측이 아니오?" 한 우호적인 비평가가 이렇게 물어 왔다. 전쟁이 발발하기 전에는 미국의 '타블로이드' 신문들처럼 선정적인 기사에다 '큰 주머니(big money)'를 푼 언론이 있었다. 버스와 기차에서 사람들이 즐겨 읽는 신문이 바로 이런 것들이다. 그러니 대중의 취향을 선도할 필요가 있지 않은가? "대중의 취향 자체가 곧바로 선이 되는 것은 아니지 않은가? 계도가 필요하지 않은가?"라는 물음에 필자는 이렇게 답하고 싶다. 첫째, 이러한 현상 중

에 더해 방송 매체의 출현으로 한층 더 명확해졌다. 방송의 기준은 신문보다 높다. 대영제국의 방송은 BBC의 독점 체제 아래에 있다. BBC는 국왕이 임명하는 '국익의 수탁자' 역할을 맡은 수 명의 방송 위원이 운영하는 공사public corporation다. 공사는 무선 기기의 소유자가 납부하는 연회비의 일정 부분을 국가로부터 지원받아 운영하는 비영리 기관이다. 국익을 위해 행동해야 한다는 정관의 조건을 제외하고는 자유롭게 정책을 결정할 수 있다. BBC 정관에 우정국 장관의 방송 보류 지시를 따라야 한다고 규정되어 있는 것은 사실이다. 그러나 평화 시에는 이러한 제약이 실제 문제가 될 상황이 전혀 발생하지 않았다. 국가에 의해 설립되었지만 운영은 자유인 공사라는 개념은 방송 부문뿐 아니라 다른 분야에도 활용되었다. 가령 전기 생산이나 런던의 대중교통 관리 등에도 동원된 개념이다. 공사 개념은 방송 분야에 적용되어 (영국인이 사랑하는) '중용via media'의 미덕을 이루었다. 다시 말해 일부 유럽 대륙 국가에서 성행하는 순수한 국립 방송 제도와 영리를 목적으로 하는 사기업이 운영하는 미국의 방송 제도를 절충한 것이다. BBC는 라디오방

일부는 터무니없는 일이지만 그렇다고 해서 놀랄 일도 아니다. 둘째, 사람은 누구나 스스로 선과 악을 판별해야 한다. 셋째, 대중 교육이 발전하고 확산되면서 선택의 지혜가 증진된다. 이는 학교교육에 있어서만이 아니라 음악과 드라마의 대중화 운동에서도 마찬가지다. 넷째, 관료주의의 최악의 형태는 검열자의 취향에 따른 사전 검열이다 _ 지은이 주.

송 시간[11]을 전적으로 정부의 지시에 따르지도, 돈을 주고 '사려는' 광고주에게 무한정 팔지도 않는다. 그 대신에 다양한 견해와 취향이 개진될 수 있는 '토론의 광장'을 형성하는 데 '방송 시간'을 형평에 맞게 배분한다. 바로 이런 것이 민주제도다. 이러한 민주적 원칙은 평화 시에는 물론이고 전쟁 중인 오늘에도 준수되고 있다.

예술

만약 이 책에서 영국의 예술에 대한 언급을 생략한다면 독자들은 영국에는 도대체 예술이란 것이 존재하지 않거나 아니면 언급할 가치조차 없는 것이라고 생각할지도 모른다. 두세 쪽으로 간략히 요약하면 그 정도밖에 내놓을 인물이 없으니 더는 논의할 필요가 없다는 인상을 줄지도 모를 일이다. 완전히 침묵할지 아니면 간략하게나마 소개할지 선택의 기로에서 후자를 택하기로 한다. 위험한 일이지만 그래도 전자보다는 덜 위험한 일이리라 믿는다.

예술은 한 민족의 천재성을 구현한다. 동시에 예술은 민족적·지리적 국경을 초월한다. 대다수 영국인들이 영국의 '문화'를 거론하는 데 저항감을 느끼는 원인의 일부도 여기에 있지만, 드러내어

---

11 이 책의 원서가 출간될 때는 아직 텔레비전 방송이 영국 전역에 보편화되기 전이다 _ 옮긴이 주.

과시하기를 꺼리는 보다 깊은 이유가 있을 것이다. 영국의 예술은 크게 보면 르네상스 시대, 심지어는 중세 초기 이래로 유럽 전체에 공통된 전통 유산이다. 영국은 프랑스, 이탈리아, 스페인의 영향을 받았다. 나중에는 독일로부터, 특히 음악 분야에서 영향을 받았다. 러시아의 영향도 받았고 지금도 받고 있다. 솔직히 말해 (실생활에서는 솔직해지기 힘들지만) 예술에 관한 한 영국은 다른 나라에 베푼 것보다 빚을 진 것이 많다. 바로 이것이 '영국과 영국 사람들'을 소개하는 이 책에서 예술에 관한 내용이 비교적 소략한 이유다. 우리가 예술을 사랑하지 않아 그런 것이 아니라 예술 자체를 너무나 사랑하기 때문에 특별히 영국의 것이라고 내세우지 않는 것이다. 영국인들은 가끔 스스로를 블레셋Philistia인[12]의 나라라고 비하하고는 한다. 산업혁명 이후에, 특히 빅토리아 중기 동안 영국은 대체로 아름다움보다는 효용을 추구했다. 그 결과를 오늘날의 산업도시와 건물들에서 느낄 수 있다. 그러나 원래부터 그랬던 것은 아니다. 오래된 대성당과 교회 건물, 옥스퍼드 대학교와 케임브리지 대학교의 건물, 아름다운 한적한 시골 마을, 향토 건축물의 장중함, 다양한 장르의 (전문가용의 최고 수준은 아닐지라도) 음악이 다

---

12 고대 팔레스타인 민족 중 하나로 『성경』에서 선인(이스라엘인)을 박해하는 악인으로 등장한다. 여기서는 예술적인 소양이 깊은 그리스인에 대비해 폄하의 의미로 사용되었다 _ 옮긴이 주.

양한 계층의 국민의 삶 속에 뿌리내리고, 이름난 작가의 문학작품에 더해 민중의 삶 속에 입에서 입으로 전해 내려온 풍요로운 발라드 문학의 나라. 이런 나라에 어찌 예술이 보잘것없었다고 자조할 것인가?

예술에 대한 민중의 사랑을 가늠하는 잣대는 두 가지가 있다. 첫 번째 잣대는 시인, 소설가, 음악가, 화가, 건축가 등 예술가들이 창작한 작품의 질적 수준으로 판정하는 경우다. 두 번째 잣대는 작품을 완상하는 대중의 판정이다. 즉, 문학·음악·미술 작품을 얼마만큼 깊이 사랑하는지가 기준이 된다. 두 가지 잣대 중 어느 하나에 의존할 것이 아니라 둘 다 활용하는 것이 옳다.

영국의 문학 창작자들의 수준은 새삼스레 말할 것이 없다. 윌리엄 셰익스피어William Shakespeare(1564~1616), 월터 스콧Walter Scott (1771~1832), 토머스 하디Thomas Hardy(1840~1928)에 이르기까지 무수한 작가들 자체가 생생한 증거다. 이들 가운데 일부는 작품이 탄생한 시대를 넘어 여러 세대에 걸쳐, 그리고 소수의 독자층을 넘어 모든 사람의 사랑을 받아왔다. 오늘날 우리는 소위 과도기를 지나고 있다. 과도기란 쉬운 말로 하면 어떤 시대인지 잘 모른다는 뜻이다. 현대 시인들은 로버트 시모어 브리지스Robert Seymour Bridges (1844~1930)[13]의 표현을 빌리자면 '기이함과 모호함'의 추구에 탐

---

13 의사 출신의 시인이다. 뒤늦게 문학에 투신해 계관시인(1913~1930)의 영예를

닉한다. 현대 소설가들은 플롯과 캐릭터를 무시하고 무의식의 세계를 깊이 파고든다.

상당수의 문학작품이 인간 심리의 내면세계를 조명한다. 그러나 이러한 내면 탐구는 다수 작가의 동참을 얻기 어려울 것으로 보인다.

로버트 브라우닝Robert Browning(1812~1889), 앨프리드 테니슨, 조지 메러디스George Meredith(1828~1909), 토머스 하디 시대에 태어난 사람들은 오늘날의 소년·소녀들이 자신들의 세대와 유사한 문화유산의 축복을 누릴 것으로 기대하기 힘들 것이다. 기껏해야 세상의 변화가 자신이 감당할 수 있을 만한 수준에 그치기를 바랄 뿐이다. 어쨌든 어떤 측면에서는 헨리 퍼셀Henry Purcell(1659~1695)과 같은 17세기 음악가들의 걸작이나 심지어는 그 전의 음악 애호가가 되살아나기도 한다. 에드워드 엘가Edward Elgar(1853~1934)의 「수수께끼 변주곡Enigma Variations」(1899)을 아르투로 토스카니니 Arturo Toscanini(1867~1957)가 지휘하는 잉글랜드의 오케스트라 연주로 듣는 경험은 정말이지 잊을 수 없는 추억이다. 20세기 전반의 음악은 우리 세대의 연대기에서 중요한 내용이 될 것이라고 단언할 수 있다. 건축 부문에도 희소식이 있다. 런던, 리버풀, 케임브리

누렸다. 독실한 기독교 신앙을 바탕으로 삼아 수많은 찬송가의 가사를 쓰기도 했다 _ 옮긴이 주.

지에서 현대건축 붐이 일고 있다. (건축사의 재앙기였던) 1870년대의 건축과 1930년대의 건축을 비교해 보는 것도 의미 있는 일이다. 풍경과 인물을 주된 소재로 삼는 영국 회화의 전통은 중단 없이 이어져 조슈아 레이놀즈Joshua Reynolds(1723~1792)와 그의 시대 화가들에게 전승되었다. 우리 영국인은 현대판 그리스인이 아니다. 그렇다고 해서 결코 블레셋인도 아니다.

이제 대중의 관점에서 예술적 가치를 판단해 보자. 이러한 추세는 근래 들어 늘어났고 앞으로 더욱 힘을 받아 가속될 것이다. 웨일스 사람과 북아일랜드 사람들은 전통적으로 노래를 즐겼다. 이들이 입 모아 게오르크 프리드리히 헨델Georg Friedrich Händel(1685~1759)의 오라토리오oratorio를 열창하는 전통은 결코 사라지지 않을 것이다.

전국의 크고 작은 미술관들은 국왕과 왕족을 위한 것이 아니라 일반 대중과 지역 주민의 기호와 편의에 맞춘 것이다. 이러한 추세는 19세기 들어 지속적으로 가속되었다. 오늘날 높아지는 성인교육은 단지 학습을 권하는 차원에 머무르지 않고 대중이 예술을 감상하고 직접 공연할 것을 권장한다. 근래 문을 연 '지역 센터Community Center'들에서 이러한 시설을 일상적으로 이용하는 근로자들을 위한 전시회와 공연이 줄을 잇고 있다. 음악예술증진위원회Council for the Encouragement of Music and Arts: CEMA가 1940년에 설립되어 교육위원회의 지원을 받아 전국 차원에서 음악·무용 공연과 미술 작품의 전시를 장려하는 프로그램을 입안하고 있다. 이 위원회가 설립된 목적은 한마디로 '문화'를 소위 '문화인'의 전유물에 그치지 않고 '지역사회에 널리' 확산시키기 위해서다.

산업화의 면모가 확연한 잉글랜드, 스코틀랜드, 웨일스 도시들의 건물과 조경 등 외형적인 요소에 대해서는 아직 계획이 정비되지 않다. 예술 증진은 예술가만의 과제가 아니라 공동체 전체의 과제다. 즐겁고 행복한 일상을 영위하는 데 적합한 미美의 제전을 건설할 책무가 지역 주민 모두에게 부여된 것이다. 바로 이것이 도시의 언덕 위에 제전을 세웠던 고대 그리스인들의 모습이다. 이는 우리 영국인들이 근대도시에서 이루지 못했던 일이기도 하다. 다른 나라들보다 한참이나 앞서 산업혁명이 닥쳐왔기에 미처 준비할 시간이 없었다고 나름의 변명을 내세울 수도 있다. 유례없는 인구 급증으로 무슨 수를 써서라도 최우선적으로 주택과 공장 부족을 해결해야 했기에 미적 환경에 눈을 돌릴 여력이 없었던 것도 사실이다. 그러나 과거사에 대한 변명이 무엇이든 현재 상태에 대한 변명이 될 수 없다. 그러한 변명은 꿈도 꾸어서는 안 된다. 무엇보다 고무적인 현상은 우리의 도시와 향촌鄕村의 편의 시설과 자연미를 함께 숭상하는 국민적 양심이 배양되는 징조가 보인다는 점이다 (아름다움을 숭상하는 일도 양심의 발현임)!

도시 개발과 재건축을 향촌의 조경과 연계해 진행해야 한다는 관념이 많은 사람의 머릿속에 자리 잡고 있다. 예술 증진과 미의 추구는 사회복지의 문제인 동시에 국민적 양심의 명령이기도 하다. 나라가 미에 줄 수 있는 최상의 서비스는 미 자체를 극도로 고양시키는 일임을 우리는 깨쳐가고 있다. "녹색의 쾌적한 땅"[14]은 자연의 선물인 동시에 인간의 창조물이다. 만약 우리가 공동의 노력으로 도시와 향촌의 균형적인 개발을 이룰 수 있다면 우리가 문학 영역에서 이루었던 것처럼 예술 영역에서도 커다랗게 기여할 수 있을 것이다. 우리의 일상생활에서 예술을 최상의 가치로 자리매김할 수 있도록 모든 노력을 경주해야 한다.

스포츠

'정신적 가치'의 문제를 다루는 장에 스포츠를 포함시킨 것은 역설적으로 비칠 수 있다.[15] 그러나 오래전부터 그러했고 앞으로도 그러하기를 희망하듯이, 영국인에게 스포츠의 본질적 가치는 스포츠가 바로 정신의 소산이라는 믿음 자체다. 스포츠는 인간 육체의 외형적 표현으로 전쟁을 할 때나 필요한 육체적 효용을 숭앙하

---

14 윌리엄 블레이크의 시 「예루살렘」의 한 구절. 이 책의 33~34쪽을 참조 _ 옮긴이 주.

15 제6장의 원서 제목은 'Matters of the Mind'로 직역하면 '(영국의) 정신적 가치'에 해당한다 _ 옮긴이 주.

는 사이비 종교가 아니라 정신적 즐거움과 행복감을 추구하는 인간이 받은 축복이다. 일상 영역에서 스포츠는 예술적 성격을 지니고 예술적 표현과 연결되어 왔다. 스포츠는 윤리적 자질의 구현이자 미덕의 발현이기도 하다. 고대 페르시아에서는 청소년들에게 정조준해 활을 쏘고, 곧추서서 말을 타며, 거짓말을 하지 말라고 가르쳤다. 영국에서도 유사한 스포츠관을 신봉해 왔다. 육체적 차원에서는 미적 요소와 윤리적 요소가 절반씩 결합한 구조의 개념이다. 스포츠의 발전 과정은 여우 사냥 열기에서 보듯이 신사 계급에 특유한 풍습이 학교로, 그리고 일반 대중에게로 확산된 것이다. 우리의 국기國技로 인정받은 크리켓을 보자. 한여름 푸른 초원 위에서 낭랑하게 울려 퍼지는 배트에 맞는 공 소리에 일종의 마법이 서려 있다. 그 마력의 정체는 무엇인가? 일부는 예술의 마력이고 일부는 예술가들의 작업을 보는 마력이다. 경기 규칙에 따라 볼을 던지는 투수bowler의 기술, 그 볼을 치는 타자batsman의 기술, 야수들의 기민한 동작, 이 모든 것이 총체적 마술이 아니고 달리 무엇이겠는가? 이것이 전부가 아니다. 팀원들이 함께 노력하는 모습, 그리고 이들에게 부과된 윤리 강령인 '게임의 룰'에 따라 움직이는 모습을 지켜보는 관중의 모습 또한 하나의 마법이다. 이러한 스포츠 경기에 도덕적 요소가 결여되었다고 말할 바보가 세상에 어디 있으랴?

게임의 룰이란 용어는 우리에게 여러 가지 생각할 거리를 제공한다. 신체적 질서를 바탕으로 한 자연적 활동의 연마를 통해 법이라는 이념에 자발적으로 복종하는 미덕이 고양될 수 있다. 게임을 통해 절제하고 질서 있게 행동하면서 인간은 개개인의 차이를 깨치며 자치 정부의 원리를 터득하게 될 것이다. 자발적으로 깨치고 자발적으로 준수하며 자유롭게 행동하는 사회의 근본 규범을 터득하는 것이다. 운동경기의 룰과 의회의 의사 진행 규칙 간에 유사점을 넘어서는 연관성이 있다는 생각은 허황된 논리적 비약이 전혀 아니다. 두 개의 조직된 집단이 경쟁해 벌이는 운동경기와 정치적 입장을 달리하는 집단 간에 벌어지는 진지한 토론은 그 본질이 크게 다르지 않다.

영국인들은 가끔 정치를, 때로는 전쟁마저도 스포츠처럼 치른다는 비판을 받고는 한다. 그것은 사실이다. 운동경기의 룰, 게임의 이상과 정신을 정치와 전쟁에 도입하는 것이다. 그러나 이는 결코 유치하거나 허망한 짓거리가 아니다. 만약 운동경기에 예술적 요소와 윤리적 속성이 있다면 그것은 훌륭하고도 적정한 그 무엇일 것이다.

한마디로 말해 영국 전래의 가치인 게임의 이상과 룰에는 고귀한 가치가 있다. 격렬한 육체적 긴장을 높은 곳으로 끌어올려 이완과 휴식을 찾는, 이를테면 고소高所의 힐링을 유도한다. 운동경기는 육체의 놀이를 정신에 봉사하도록 만드는 것이다. 인간의 야생적 힘을 순치해 문명에 봉사하도록 유도하는 수단이다. 이렇듯 스포츠의 이상과 게임의 룰을 미화하고 우상화하기는 쉽다. 그러나 운동경기에 탐닉하면서 발생하는 어려움과 부수되는 위험 또한 피할 수 없다. 한 예로 운동경기에 과도하게 빠지면 비현실적인 세계를 동경하게 된다. 큰 스포츠 시합이 주는 환상의 잔치에 빠지면 현실 세계를 망각하기 십상이다. 사냥이든 크리켓이든 풋볼이든 열성 팬이 되는 것 자체는 나쁜 일이 아니다. 그러나 이러한 스포츠 사랑이 도가 넘으면 (흔히 학생 시절에, 심지어는 인생 후반기에도) 삶의 가치가 전도되기 쉽다. "뭐가 그리 좋을까?(Yet how good it would be?)" 셰익스피어의 요정 퍽Puck이라면 이렇게 충고할 것이다. "전쟁 걱정은 접어두고 아침 신문을 통해 경기 결과를 느긋하게 읽으라"라고.[16] 더 유의해야 할 점은 게임과 스포츠는 다른 산업과 마찬가지로 인구 증가와 사회의 기계화에 따라 큰 변화를 겪었다는 사실이다. 어느 틈엔가 스포츠 산업은 영리를 목적으로 하는 조직된 전문가들의 대형 쇼 무대로 전락하고 말았다. 슬픈 현실이지만 그렇다고 해서 스포츠의 예술적 가치가 전반적으로 퇴보한 것은 아니다. 프로 선수들은 룰을 준수하면서도 아마추어가 감히 넘볼 수 없는 예술의 경지에 이른 경기력을 보여준다. 풋볼 등

---

16 셰익스피어의 희극 〈한여름 밤의 꿈(A Midsummer Night's Dream)〉(1600)에 등
    장하는 요정 퍽[로빈 굿 펠로(Robin Good Fellow)의 별명임]의 말을 지은이가
    유머러스하게 변용했다(희극 제3막 2장을 참조). 안경환, 『법, 셰익스피어를 입
    다』(서울대학교 출판문화원, 2012), 292~302쪽 _ 옮긴이 주.

스포츠 경기를 보러 몰려드는 수천, 수만 명의 '광팬' 무리를 꾸짖을 필요도 없다. 경기를 구경만 할 것이 아니라 자신이 직접 경기를 하라고 권유하기는 쉽다. 실제로 기회가 주어지면 스스로 경기에 참여할지도 모른다. 그러나 자신이 감히 넘보지 못할 높은 수준의 경기를 관전하며 느끼는 희열은 만만치 않은 것이다. 게다가 무료한 주중의 일상에서 벗어나 스릴과 긴장이 넘치는 감성의 세계로 진입하는 즐거움 또한 가볍지 않다. 미래의 사가史家는 이 땅에서 1880년 이후 조직된 운동경기, 특히 풋볼이 발전해서 수백만 명의 노동자에게 즐거움과 위안을 선사해 고된 일상을 감내할 힘을 주는 사회서비스를 제공했다고 기록할 것이다. 스포츠에는 애로도 위험도 따르기 마련이다. 그러나 세계 어느 나라에서나 스포츠는 국민의 일상에 중요한 도락이다. 조직과 운영 방법이 체계화되면 장래에 더욱더 번성할 것이다. 나라가 앞장서서 스포츠를 육성하고 경기 윤리를 제고한다면 수단과 방법을 가리지 않고 승리만 쟁취하면 그만이라는 속된 승부욕 대신 엄격한 훈련을 통해 진정한 승리를 준비하는 스포츠맨십을 고양시킬 수 있을 것이다. 특히 국제 경쟁 무대인 '올림픽'에서는 경기가 전쟁으로 변질될 위험이 높다. 그러나 스포츠 경기는 결코 전쟁이 아니다. 경기에 이기는 것은 기쁜 일이지만 때로는 지는 것도 명예일 수 있다. 어쨌든 경기는 본질적으로 '놀이'다. 놀이는 놀이로 그쳐야 하고 '찌꺼기'를 남겨서는 안 된다. 트로피니 상이니 하는 것들은 우연한 부산물일

따름이다. 본질은 경기의 예술과 미덕이다. 바로 그것이 영국 스포츠의 핵심 가치다. 이 순수한 핵심 가치를 수호하는 것이야말로 영국인에게 주어진 책무다. 기록을 중시하는 분위기라 승리를 위한 경쟁이 나날이 치열해지고 있다. 그럴수록 '스포츠를 위한 스포츠', 순수한 예술과 윤리를 추구하는 경기, 경기 자체를 사랑하는 문화를 배양하는 것이 그 어느 때보다 절실하게 요청된다.

제7장

—

구성원에 대한 영국 공동체의 서비스

영국의 사회경제 제도 개관

　흔히들 사회주의와 개인주의를 서로 대립하는 이념으로 여긴다. 보다 정확하게 말하자면 자원의 집단 소유와 생산수단의 집단 통제를 지향하는 사회주의 체제와 사유재산과 사기업을 인정하는 자본주의 체제를 대비시킨다. 두 체제가 다른 것은 두말할 필요가 없다. 그러나 양자가 공존하거나 심지어는 상호 협력이 불가능할 정도로 차이가 있는 것은 아니다. 한 공동체가 자본주의 일변도이거나 사회주의 일변도일 수는 없다. 최적이라고 판단되는 경우에는 사회주의적 수단을 쓰거나 아니면 효용이 극대로 예상되는 경우에는 자본주의적 수단을 쓰는 등 양자를 동시에 사용할 수 있다. 이른바 '혼합경제'라고 부르는 제도다. 이러한 제도에는 이중적인 장점이 있다. 특정 산업이나 업종의 사정과 필요에 따라 적절한 조치를 취할 수 있다는 점에서 유연성을 갖추었다. 또한 지속적인 사회적 실험의 결과를 점진적으로 반영할 수 있다는 점에서 균형을 유지할 수 있다. 그리하여 점진적으로 그리고 실험적으로 한 단계씩 차근차근 앞으로 나아갈 수 있다. 사회경제의 영역에서 이렇게 점진적이고도 실험적인 진보를 통해 정치 영역에서 민주주의의 요구를 절차적으로 조화시킬 수 있다. 앞서 살펴본 것처럼 민주주의란 한마디로 말해 토론을 수단으로 하는 통치다. 상정된 논제를 점진적으로 다루어 실험적인 해결 방법을 모색한다. 이 과정에서 다양한 입장 간의 타협과 조율이 이루어진다. 이렇듯 혼합경제 제도는 민주주의 정치제도의 필연적 귀결이다.[1]

19세기 영국 사회경제의 균형 정책은 대체로 사기업에 우호적인 방향으로 나타났다. 그러던 것이 민주주의 발전과 민주적 정책의 증가에 따라 균형추의 방향이 이동하기 시작했다. 국가가 기업을 직접 소유하거나 경영하는 방식이 늘어난 것이다. 이러한 현상

---

1 "영국사 강의에서 내가 느낀 것은 언제나 두 개의 원리가 역사 속에서 움직이고 있다는 것이다. (……) 이것은 다른 나라(미국 제외) 역사는 대개 하나의 원리나 세력이 다른 하나의 원리나 세력을 극복하면서 말하자면 양자가 서로 부정적 입장에서 역사를 만들어 갔었는데 영국사만은 두 원리나 세력이 서로 이해와 협조와 양보로 이룩된 것이기 때문이다." 김성식, 「사림(史林)을 더듬어」, 705~718쪽 _ 옮긴이 주.

은 중앙정부보다 지방정부 차원에서 더욱 농후했다. 지방정부 기관이 주체가 되어 수송, 가스, 전기, 수도 그리고 (최근에 들어서는) 주택 사업을 시행한다. 중앙정부는 우편 사업을 소유해 운영하고 1937년 이래로 4500마일의 간선도로를 관리한다. 이와 다르게 국가가 직접 소유하거나 경영하지 않는 제3의 방법도 주목할 필요가 있다. 이는 제1차 세계대전 이후 등장한 새로운 유형으로 앞으로 더욱 성행할 것으로 예상된다. 즉, 국가가 직접 기업을 소유하거나 경영하는 대신에 특정 사업을 목적으로 국가가 별도로 설립한 기관이 사기업을 감독하게 하는 방법이다. 여기에서도 국가의 직접 소유 경영 체제와 순수한 사기업 체제의 중간에 자리한 혼합경제의 실례를 본다. 혼합경제란 이렇게 대조되는 소유 형태의 기업들을 하나의 제도 안에 묶어내는 것뿐만 아니라 하나의 제도 안에서도 상반된 형태의 경영 방식을 혼합해 내는 것이다.

이렇듯 '혼합' 영역에 속하는 사업은 전국 차원에서 이루어지기도 하고 특정 지역에 한정해 수행되기도 한다. 상대적으로 비중이 떨어지는 지역 사업의 예로 런던 항만청The Port of London Authority, 수도권수도공사The Metropolitan Water Board, (1933년 이래) 런던 여객운송공사The London Passenger Transport Board 등을 들 수 있다. 특별히 지정받은 기관이 운영하는 전국 차원의 사업은 종류도 많고 영향력도 크다. 1927년 설립된 BBC, 전기의 생산과 공급을 통제하기 위해 1926년 설립된 중앙전기공사The Central Electricity Board,

석탄 산업의 이익과 효율, 원활한 생산과 공급을 책임질 소유자로 1938년 법에 따라 설립된 석탄위원회The Coal Commission, 일련의 산림 보호 법률The Forest Acts에 따라 1919년부터 광대한 산림의 소유자가 된 산림위원회The Forestry Commission 등이 있다.

(전국 차원이든 지역 차원이든) 국가가 지정해 해당 산업을 소유하고 경영하는, 이들 관리청authority, 공사board, 회사corporation, 위원회commission 등 다양한 이름의 기관들은 '중간 영역'으로 분류되지만 사실상 국가 소유에 가깝다. 이들과는 법적 성격이 다른 기관들도 언급할 필요가 있다. 속칭 '의회 직할 회사parliamentary company'로 불리는 기관들이다. 여기에는 철도 회사와 지역 차원의 일체의 전차·가스·수도·전기 회사가 포함된다. 이들 회사는 미국에서는 주식회사corporation로 분류되는 순수한 사기업일 것이다. 주식회사의 주식은 사인이 소유하고 사업자는 독자적인 판단으로 요금을 책정해 이익을 거둔다. 반면에 의회 직할 회사들은 의회가 규정한 통제를 받는다. 의회의 규정은 명백한 국가의 통제다. 회사가 책정할 요금과 거둘 이익에 관해서도 의회의 통제를 받는 셈이다. 이러한 사업은 사적 영역에 속하지만 공적 통제를 받는다거나, 또는 중간 영역에 속하지만 그 영역의 사적 변방에 속한다고 말할 수 있을 것이다. 전자의 표현이 더 적확할 것 같다. 어쨌든 국가의 직접 소유와 경영 체제에서, 지정 기관을 통한 간접 소유와 경영 체제로, 또는 별도로 설립한 회사를 통한 간접 소유와 경영 체제로,

아니면 한 걸음 더 나아가 사기업 또는 사적 소유와 경영 체제로 점차적으로 이행하고 있는 것은 분명한 사실이다.

여기까지가 영국 사회경제의 개괄적인 조감도다. 한마디로 요약하면 혼합경제로, 이를 구성하는 다양한 요소의 비중은 장래에 영국 사회의 발전에 따라 달라질 것이다. 현재 모습은 아직 사적 소유의 요소가 매우 강하다. 이 논의를 시작하며 지적했듯이 영국에서 부의 분배는 매우 불평등하고 불균형적이라는 사실을 환기할 필요가 있다. 몇 년 전 통계에 따르면 상위 5만 명이 나라 전체 부의 거의 40퍼센트를 소유하고 있다. 이러한 소유와 경영 패턴에 기초한 사회경제 제도에 혁신적인 변화가 일어나야 한다. 이 점과 관련해 우리 자신에게 두 가지 질문을 던져보자. 두 질문 모두 국가 재정의 수입과 지출에 관련된 것이다. 첫째 질문은 국가의 과세 정책이 사회경제 제도에 어떤 영향을 미치는가? 둘째 질문은 국가의 재정지출이 재원이 배분될 대상과 내용에 따라 제도 운영에 어떤 영향을 미치는가?

과세 정책

이 문제를 논의하기 위한 통계 수치의 기준 시점을 1937년으로 잡아보자. 그해는 아직 현재 진행 중인 전쟁에 따라 국가 예산이 폭증하지 않았던 시기다.[2] 해당 회계연도의 국민소득national income

(나라 전체의 경제주체가 생산한 수입 총계)은 약 45억 파운드로 추산된다.[3] 과세를 통한 국세 수입은 이 금액의 약 6분의 1에 상당하는 8억 파운드 내외다. 그러나 '부동산 보유세(지방세) 형식으로 부과된(provided by their rates)'[4] 지방정부의 세수 2억 파운드를 더하면, 국민소득의 4분의 1에 가까운 10억 파운드에 달한다.

세금에 한정해 살펴보자. 중앙정부의 세금은 어떻게 부과되고 징수되는가? 국세 총수입 8억 파운드의 절반인 4억 파운드는 소득과 재산에 부과되는 직접세다. 즉, 소득세와 누진세surtax(기본소득세에 더해 2000파운드를 초과하는 소득에 대해 부과됨)와 사망에 따른 부동산 소유권의 이전에 부과되는 세금을 더한 수치다. 그리고 8억 파운드의 약 8분의 3에 해당하는 3억 2000만 파운드는 상품 소비에 부과되는 간접세로, 수입관세와 맥주 등 주류와 같은 내수 상품

---

2 영국의 회계연도는 매해 4월부터 이듬해 4월까지다. 따라서 여기에서는 1936년 4월부터 1937년 4월까지의 통계다 _ 지은이 주.

3 현재 가치로 환산하면 약 6750억 파운드(한화 1165조 원)다 _ 옮긴이 주.

4 독자들은 '부동산 보유세(rates) 형식으로 부과된'이라는 표현에 주목할 필요가 있다. 전체 지방정부의 총수입은 6억 파운드라는 거액이었다. 이 액수에는 국세의 교부금을 더하고 (부동산 보유세 액수에 크게 밑돌지 않음. 외국인 독자를 위해 설명을 덧붙이자면 부동산 보유세란 거주하는 건물이나 토지 가치에 대해 부과하는 지방세를 의미함), 추가적으로 지방자치 기구(local authorities)가 소유하고 운영하는 사업에서 발생한 이익 등 기타 수입(약 1억 4000만 파운드)을 합한 금액이다 _ 지은이 주.

에 부과되는 유통세다. 나머지 8000만 파운드는 우정국의 우표 판매 수입 등 기타 잡수입이다.

중앙정부의 국세와 관련해 두 가지 점에 대해 숙고해 볼 필요가 있다. 첫 번째 논점은 직접세와 간접세 간의 비율이다. 1937년에는 양자의 비율이 8분의 4 대 8분의 3으로 서로 큰 차이가 나지 않았다. 이 비율은 약간의 증감이 있었지만 20세기 내내 대체로 일정한 수준을 유지했다. 양자 간의 비율이 중요한 이유는 그 결과가 미칠 사회적 영향 때문이다. 간접세는 모든 국민에게 부과되지만 빈곤층에 특별하게 영향을 미친다. 직접세는 공동체 다수에게 부과되지만 영국의 세제에서는 부유층에 특별하게 영향을 미친다. 그러므로 양자 간에 균형을 유지하는 일이 매우 중요한 과제다.

영국의 세제에서 숙고해야 할 두 번째 논점은 직접세의 산정 방식이다. 1894년도 예산안을 입안하며 누진세 제도가 도입된 이래 해마다 누진 제도가 강화되었다. 소득 액수가 높을수록, 그리고 상속이나 유증 액수가 높을수록, 이에 비례해 직접세 형식으로 부담하는 세율이 높아지는 것이다. 부유한 사람은 납부할 세액이 많은 것은 물론이고 세율도 누진적으로 높아지는 것이다. 즉, 기본적으로 부과되는 소득세에다 일정액 이상의 소득에 대해서는 누진율을 적용한 가산 세액을 추가한다. 상속이나 유증에서도 마찬가지로 일정 액수 이상의 유산에 대해서는 누진율을 적용해 가산 세액을 추가한다. 이러한 방법으로 직접세를 통해 부의 분배를 조절한다. 당초 의도했는지는 모르지만 어쨌든 결과는 그렇게 되었다. 고액의 수입과 상속을 규제함으로써 부의 분배에서 불평등과 불균형을 어느 정도 시정하려는 목적이다. 그렇다고 해서 과세 정책을 통해 보편적인 분배의 균형을 성취할 수 있다거나 성취해야 한다는 의미는 결코 아니다.

여기까지 1937년도 중앙정부의 국세 세입의 규모가 8억 파운드이고, 이 금액이 어떻게 조달되었는지 살펴보았다. 그렇다면 이 세입이 어떻게 사용되었는가? 어느 나라나 국가 예산은 주로 세 가지 용도로 사용한다. 첫째, 기본 부채에 대한 이자 지급이다. 둘째, 미래를 위한 안보 비용(해군, 육군, 공군의 유지)이다.[5] 셋째, 현재의 여건을 유지하고 개선하기 위해 지출하는 비용이다. 우리가 주목할 부분은 세 번째 유형의 지출이다. 그중에서도 특별히 주목을 요하는 것은 이 유형의 지출 중 대부분을 차지하는 공공사회서비스 예산이다(다른 유형으로 정부 운영과 행정 예산이 있는데, 이는 소액을 차지함). 공공사회서비스란 사회복지와 구성원의 지위 상승을 위해 정부가 제공하는 서비스를 의미한다. 다양한 종류의 공공사회서비스는 '정신mind', '신체body', '신분재산estate',[6] 크게 세 가지 영역

---

5   영국은 전통적으로 해군, 육군, 공군의 순으로 군의 서열과 비중이 주어진다. 이
     책의 제3장 중 '군대와 군 복무제' 절(121쪽)을 참조 _ 옮긴이 주.

6   영국법에서 'estate'란 전통적으로 부동산에 기초한 신분권을 의미했다. 후일 신

으로 나눌 수 있다.

정신의 영역에서 중요한 것은 교육이다. 신체와 건강의 영역에서는 병원과 관련된 서비스, 이를테면 의료보험과 주택 보조금 등이 중요하다. 신분재산의 영역에서는 빈곤 퇴치가 주요 사안이다. 공공사회서비스의 가장 오래된 사업인 빈민 구제 사업의 일환으로 실업보험과 이와 별도로 실업 보조금 제도가 있다. 마지막으로 노인, 미망인, 유자녀를 위한 연금제도가 있다.

공공사회서비스 지출[7]

중앙정부가 정확하게 얼마를 국세에서 복지 예산으로 지출하는지 산정하기란 불가능하지는 않을지라도 지극히 어렵다. 영국의 제도 아래서 중앙정부는 예산 운용에서 지방자치 조직과 밀접하게 연관을 맺고 있고 많은 경우 동일한 지출 계정을 사용하기에 양자를 엄격하게 분리하는 과정에서 혼란과 오류를 유발할 수도 있다. 상황이 이러하기에 여기에서는 1937년 한 해 동안 중앙정부와 지방정부가 합해 3억 500만 파운드를 지출했다는 사실을 언급하

분에서 유래하는 재산이라는 뜻으로 확대되었다 _ 옮긴이 주.

7   아서 D. K. 오언(Arthur D. K. Owen)의 『영국의 사회서비스(British Social Services)』(British Council, 1940)에 실린 자료에 크게 의존했다 _ 지은이 주.

는 것으로 갈음한다.[8] 그러나 이 수치는 지출한 국가 예산의 전부가 아니다. 해당 연도에 지출한 공공사회서비스 예산 총액은 4억 5500만 파운드였다. 그렇다면 (전체 지출의 3분의 1에 해당하는) 나머지 1억 5000만 파운드는 어디에서 나온 재원인가? 답은 간단하다. 서비스의 수혜자인 근로자와 이들의 사용자가 동일한 비율로 납부한 실업보험, 건강보험, 연금에 대한 기여금이다. 서비스의 수혜자인 근로자는 소요 비용의 3분의 1의 절반, 즉 6분의 1을 기여금으로 납부한다. 이렇게 보면 근로자는 수혜금의 6분의 1을 '매입'하는 셈이다. 그렇다고 해서 나머지 6분의 5가 실업수당dole이라는 이름의 공짜 선물인 것은 아니다. 순전히 재정적인 관점에서 유념해야 할 사실은 이 6분의 5는 첫째, 주로 부유층이 내는 직접세(사용자가 부담하는 기여금을 포함해) 세입에 더해, 둘째, 대체로 빈민층이 내는 간접세와 서민들이 입주한 주택에 부과되는 지방세 수입으로 채워진다. 즉, 공공사회서비스의 수혜자는 자신이 수령

---

8   앞에서 살펴본 것처럼 1937년도 중앙정부와 지방정부의 예산을 합치면 약 10억 파운드다. 이 금액의 사용처는 대략 다음과 같다. 첫째, 국가 부채 상환금(중앙정부) 2억 3000만 파운드, 둘째, 안보 비용(중앙정부) 1억 9000만 파운드, 셋째, 공공사회서비스(중앙정부와 지방정부) 3억 500만 파운드, 넷째, 정부 운영 비용(중앙정부와 지방정부) 2억 7500만 파운드로, 합계 10억 파운드다. 셋째 항목인 공공사회서비스 예산이 중앙정부와 지방정부를 포함해 국가 전체 예산의 거의 3분의 1을 차지한다 _ 지은이 주.

하는 서비스의 대가를 온전하게 지불한 것이 아니다. 지역사회의 부유층이 어떤 대가를 기대하지 않고 빈곤층이 받는 서비스의 원가 중 큰 부분을 부담한 것이 사실이다. 그렇다고 해서 공공사회서비스를 부유층이 빈민층에 제공하는 '실업수당'이라거나 '몸값ran-som'으로 규정하는 것은 커다란 오류다. 직접적이든 간접적이든 (기여금 납입을 통해서든 간접세 납부를 통해서든) 빈민층도 지역사회의 다른 구성원들과 더불어 자신들이 수령하는 혜택의 원가를 부담한다. 그러나 비용 분석을 통해서 이 문제에 접근하는 것은 제도의 본질을 놓치는 일이다. 문제의 핵심은 사회 전체의 수입은 그 사회의 개선을 위해 정당한 비율로 배분되어야 한다는 명제다. 그런데 1937년 기준으로 10퍼센트(국민소득 45억 파운드 중 공공사회서비스 예산이 차지하는 4억 5500만 파운드)는 결코 정당한 배분으로 볼 수 없다.[9] 또 한 가지 유념할 점은 정신, 신체, 신분재산의 어느 측면에서든 공동체 안의 빈곤층의 삶이 개선되면 공동체 구성원 전체가 혜택을 누리게 된다는 사실이다. 우리 주위의 빈민들이 잘살게

---

9   4억 5500만 파운드라는 액수는 '공적(public)'사회서비스만을 의미한다. 이 밖에도 민간 차원의 자발적인 사회서비스 지출이 있음을 유념할 필요가 있다. 한 예로 같은 해에 자발적으로 병원에 납부한 기부금과 회비(endowment and sub-scription)도 1700만 파운드에 달했다. 이는 다양하기 짝이 없는 자발적인 기부의 작은 한 예에 불과하다. '지방세와 국세(rates and taxes)'에 더해 각종 단체에 자발적으로 회비를 납부하는 것은 영국인의 습관이다 _ 지은이 주.

되면 우리 모두가 잘살게 된다.

공공사회서비스 제도를 복습하기 전에 재정 문제에 부기할 사항이 하나 있다. 1901년에 모든 재원(국세, 지방세, 수혜자의 기여금)을 통틀어 공공사회서비스에 지출한 총액은 3600만 파운드였다. 이 수치는 20년 후인 1921년에 2억 500만 파운드로 늘어났고, 그로부터 16년 후인 1937년에는 4억 5500만 파운드로 증가했다. 실로 놀라운 발전이다. 1901년에서 1921년 사이의 증액은 제1차 세계대전의 후유증과 1931년 재정 위기, 그리고 1935년까지 이어진 새로운 국제 위기의 와중에 온갖 희생을 감수하며 이루어낸 것이다. 현재도 전쟁 중이지만 다음에서 보듯이 공공사회서비스가 크게 확충되었다. 이러한 발전의 결과 여러 갈등이 일기도 했다. 영국 사회가 파산을 향해 치닫고 있다며 우려하는 미국 내 여론이 비등했고, 어느 프랑스 사상가는 「영국의 위기La crise britannique」라는 제목의 논문을 발표했다.[10] 그러나 실제로 일어난 일은 영국이 이웃 나라들보다 앞서 새로운 위대한 사회정의를 건설하는 '국가적 차원의 뉴딜 정책New National Deal'을 시작했다는 것이다. 그 뉴딜은 파산이 아니다. 현재의 영국을 유지하고 개선하기 위해 반드시 필요한 정책이다. 이에 그치지 않는다. 영국의 장래를 군사적

---

10 André Siegfried, "La crise britannique au XXe siècle," *Annales*(1932), pp. 394~399 _ 옮긴이 주.

표 공공사회서비스 지출의 증대

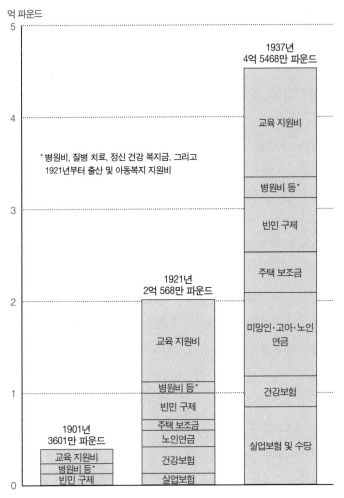

억 파운드

1937년
4억 5468만 파운드

교육 지원비

병원비 등*

빈민 구제

주택 보조금

미망인·고아·노인
연금

건강보험

실업보험 및 수당

*병원비, 질병 치료, 정신 건강 복지금, 그리고
1921년부터 출산 및 아동복지 지원비

1921년
2억 568만 파운드

교육 지원비

병원비 등*

빈민 구제

주택 보조금

노인연금

건강보험

실업보험

1901년
3601만 파운드

교육 지원비

병원비 등*

빈민 구제

자료: 오언, 『영국의 사회서비스』.

지출 외의 방법으로 보험에 든 것이다. 이는 올바른 정책으로 더욱 확대될 것이다. 이 정책의 시행으로 인해 어떤 시민에게도 어떤 사회적 낙인도 찍히지 않을 것이다. 어떤 시민으로부터도 무언가를 빼앗지 않고, 비용을 부담시키지도 않으며, 어떤 사회적 원한을 불러일으키지도 않는다.

영국의 공공사회서비스 제도의 성격

앞서 살펴본 것처럼 공공사회서비스 제도는 중앙정부와 지방정부의 협력으로 시행된다. 개인적 기여의 원칙은 영국 국민의 특성인 자조의 정신에 바탕하고 있음을 확인할 수 있다. 한 걸음 더 나아가 일부 내재적 요인과 함께 외재적 요인인 기여와 지원에 힘입은 것도 알 수 있다. 이 또한 영국인의 삶의 특징이다. 민간 차원의 자율적인 기여가 정부 차원의 정책과 손잡고 협동하는 특성이다. 교육 부문에서는 자율학교의 설립과 운영으로 나타났고, 보건 부문에서는 사설 병원의 설립으로 구현되었으며, 빈민 구제 부문에서는 각종 '자선단체friendly societies'와 임의단체의 활동이 우리 사회의 전통으로 뿌리내렸다. 이러한 전통은 아직도 정부와 협동해 공적 서비스의 일부로 활용되고 있다. 가령 민간이 자율적으로 설립한 초등학교는 공립학교 제도의 일부로 운영되고 있다. 사설 병원은 지방정부가 운영하는 공립 병원 제도를 보충하는 의미에서 민간은 정부의 협력자가 되었다.

영국의 사회서비스 시스템 전체가 다양한 차이를 조화하는 협력과 타협(평자에 따라서는 '잡탕muddle'으로 부를지도 모름)의 정신에 기초한 영국의 가치관을 구현한다. 국가가 제공하는 공공사회서비스가 있다. 이에 더해 절반은 공적 제도의 일부가 되었으나 나머지 절반은 독립된 자발적 사회서비스를 제공하는 반관반민半官半民의 서비스도 존재한다. 중앙정부가 제공하는 공공사회서비스도 있고 지방정부의 주도 아래 행해지는 서비스도 있다.

이러한 '혼성 제도'는 무리 없이 작동하지만 때때로 삐걱거리는 소리가 나기도 한다. 같은 금형金型으로 찍어낸 철물처럼 표면이 매끈하고 단정할 수는 없다. 때로는 자율적인 요소와 정형적인 공적 요소가 뒤섞여 혼란스럽기도 하다. 경험이 풍부한 유능한 행정가의 눈에는 불필요한 혼란과 비효율적인 업무 태도가 몹시 거슬리고, 권위 있는 공무원의 주도 아래라면 용이하게 처리할 일도 자율을 내세워 고집을 부리는 민간인의 업무 태도에 짜증이 날지도 모른다. 그러나 일사불란한 행정만이 능사가 아니다. 다소 비체계적인 우리의 제도 자체가 엄연한 하나의 제도다. 우리는 이러한 제도가 자유를 숭앙하는 우리의 정서에 적합한, 우리가 원하는 제도라는 믿음을 공유한다. 마치 주머니가 많이 달려 몸놀림에 더없이 편한 헐렁한 옛날식 외투에 비유해도 무리가 없을 것이다.

역사적으로 보아도 공공서비스 제도가 도입되기 전에 자발적인 사회서비스가 성행했을 것이다. 물론 공적 제도가 먼저 도입된 예가 아주 없지는 않다. 지방정부의 주도 아래 시행되어 온 빈민 구제 사업의 역사는 수백 년이 넘는다. 1601년 빈민구제법Poor Relief Act 1601(더 오래된 법률도 있음)은 전국의 각 교구에 교구 내의 빈민을 관리하고 보살필 법적 의무를 부과했다. 그러나 이는 예외에 속한다. 일반 여론이나 국가의 관행도 사회서비스는 원칙적으로 민간의 몫으로 간주해 왔다. 국가가 외면한 공백을 메우는 방법에는 두 가지가 있었다. 첫째, 종교나 박애의 이름으로 자발적으로 조직된 단체가 행하는 우호적 조력benevolent assistance(거부감을 느끼지 않는다면 '자선charity'이란 표현을 써도 무방함)이 있다. 이 방법은 18세기 말에서 19세기 초에 초등교육 제도를 도입할 때 이용되었다.

둘째, 빈민 스스로 힘을 합쳐 질병 등 재난에 처한 이웃을 돕는 상호부조mutual assistance 단체를 조직하는 것이다. 바로 이 방법이 설립 이래 영국 정치제도의 상수常數가 된 노동조합의 탄생을 유도한 중요한 요인이 되었다.[11] 우호적 조력과 상호부조, 이 두 방법을 통해 마침내 영국 땅에 거대한 사회 안전망이 구축된 것이다.

영국 사회는 스스로 사회적 실험장이 되었고, 여기서 시도한 각종 실험 결과를 바탕으로 국가가 최종적으로 나설 계제階梯를 마

---

11 지면의 제약 탓에 이 책에서 노동조합의 역동적인 역할을 소개하지 못하는 것이 실로 막심한 유감이다 _ 지은이 주.

런했다.

이 두 방법을 통한 자발적인 사회적 행위는 국가가 직접 공공사회서비스를 담당하게 된 후로도 사라지지 않고 여전히 이어지고 있음에 주목해야 한다. 민간이 자발적으로 참여하는 전통은 사라지기는커녕 오히려 더욱 왕성해졌다. 그저 국가가 행동에 나설 반석을 깔아주는 일에 만족하지 않고, 그리고 한 번 했다고 해서 자신의 몫을 완결한 것으로 치부하지 않으며, 끊임없이 새로운 방안을 모색해 내는 것이다. 우선 앞서 살펴본 것처럼 민간은 정부의 새로운 사업에 변함없는 협력자로 참여한다. 협력 형태는 때로는 같은 영역에서 '곁에서 나란히side by side', '병렬적인' 지위에서 행해진다. 이를테면 정부가 운영하는 공립 병원과 병행해 민간 병원을 운영하는 경우가 그렇다. 협력은 유형을 달리해 '손에 손잡고hand in hand'의 형식으로 할 수 있다. 같은 연령대 학생의 3분의 1 이상이 다니고 있는 종교 기관이 운영하는 초등학교가 공립학교 제도 안에 안착된 것과 같은 예다.

그러나 자율적 사회서비스가 국가와의 협력 아래 ('곁에서 나란히'든 '손에 손잡고'든) 국가의 새로운 사업에 참여하는 것만 있는 것은 아니다. 다른 방법으로도 사업을 추진할 수 있다. 즉, 민간 스스로 주도해 국가가 미처 손대지 못한 분야를 개척하는 것이다. 이는 새로운 형태의 사회서비스로 우호적 조력과 상호부조의 정신을 적절하게 결합한 행복한 결혼이다. 이러한 선구적 사업을 주도한 기관으로는 지난 20여 년간 마을 홀Village Hall, 지역 센터, 미취업자 클럽Clubs for the Unemployed 등의 사업을 주도한 전국사회서비스위원회National Council of Social Service를 들 수 있다. 이렇듯 민간 차원에서 자율적으로 시작했던 선구적 사업들도 이제는 창업할 때부터 국가의 격려와 지원을 받게 되었다. 미취업자 클럽이 그렇고 보다 늦게 시작한 성인교육의 경우도 그렇다. 후자의 경우 교육위원회와 자율적 기관인 필그림 재단Pilgrim Trust[12]이 합동으로 주도하는데 대중에게 음악과 미술을 보급하고자 전국 차원에서 벌이는 선구적 운동이 특징이다. 최근 시작한 청소년서비스Service of Youth는 청소년의 건강과 오락 수요를 동시에 충족하려는 것으로 공적 차원에서 선제적으로 시도하는 것이다. 자발적인 사회서비스 운동에 투신한 사람이면 누구나 중앙과 지방의 공적 기구가 얼마나 이 문제에 깊은 관심을 가지고 도움을 줄 자세가 되어 있는지 즉시 깨달을 것이다. 물론 분란도 있고 성가신 규칙과 예절도 있다. 그러나 공감과 협동의 정신도 확연하다. 유구한 전통을 지니고 현재도 쉼 없이 이어지는 민간단체들의 기여에 응분의 경의를 표해야한다. 그러나 근래 들어서 공공사회서비스 영역에서의 새로운 활동은 국가의 주도 아래 이루어지고 있다는 사실을 치하해야만 한

---

12 1930년 미국인 자선사업가 에드워드 하크니스(Edward Harkness)의 기부금으로 설립된 자선단체다. 하크니스는 잉글랜드 이주자의 후손이다 _ 옮긴이 주.

다. 19세기가 열릴 때까지만 해도 영국이 경험한 공공사회서비스라고는 해묵은 빈민 구제 제도뿐이었다. 20세기가 시작될 때까지 100년 동안 여기에 새로운 서비스가 일부 더해졌다. 공립 초등학교 제도가 도입된 것이 1870년이었고, 1900년에는 모든 아동에게 초등학교 전 과정이 무료인 의무교육 제도가 정착되었다. 건강보건위원회Board of Health가 설립된 것이 1848년이었고, 일련의 공중보건위생법Public Health Acts이 제정되면서 1900년에는 도시의 위생 환경이 크게 개선되었다. 날로 악화되는 지역사회의 주택문제를 해결하기 위한 노력도 이어졌다. 지방정부는 슬럼가를 정비하고 주민들의 거소를 재지정할 권한을 부여받았다. 그러나 1900년 이전에는 성과가 미미했다. 당시까지의 공공서비스는 고작해야 빈민 구제, 초등교육, 초보 단계의 위생 관리, (대체로 명목상의 권한일 뿐 실제로는 거의 행사되지 않은) 지방정부의 주택 관리 정도에 그쳤다. 그러던 참에 어느 순간 개화開花가 닥쳤다. 너무나 순식간에, 그리고 대규모로 일어난 개화였기에 그 의미를 미처 깨닫지 못했다. 개화가 시작된 시점은 정부가 (기존의 초등교육에 부가해) 중등교육을 책임지기로 결정한 1902년으로 볼 수 있다. 아니면 일부 학자들의 선호대로 데이비드 로이드 조지David Lloyd George (1863~1945)[13]와 윈스턴 처칠[14] [15] [16] [17]을 포함한 자유당 내각Liberal Cabinet

---

13 웨일스 출신으로 1890년 의회에 진출해 55년간 하원 의원으로 재직했다. 재무

이 들어선 1905년 말로 볼 수도 있다. 이해를 시발점으로 삼아 일련의 사회 개혁 입법social legislations이 제정되었다. 1908년에 노령자 연금제도가 실시되었고, 1909년부터 아직 조직화가 미미한 산업 노동자들의 근로조건과 임금수준을 높이기 위한 조치가 실시되었으며, 1911년에 건강보험과 실업보험 제도가 도입되었다. 실로 급격한 개화였다. "미국보다 한 세대 앞서 이룩한 영국 노동계급을 위한 뉴딜"이었다는 어느 학자의 표현이 그다지 놀랍지 않다.

부 장관 등 요직을 지내며 각종 사회 개혁 입법을 주도해 현대 영국의 복지 제도를 건설하는 데 앞장섰다. 영국 수상(재임 1916~1922)을 지냈는데 자유당 출신으로는 마지막 수상이었다 _ 옮긴이 주.

14 처칠이 정식으로 각료가 된 것은 1908년이었지만 '사회입법'의 시기가 시작될 때이미 상당한 역할을 했다 _ 지은이 주.

15 처칠은 (보수당을 탈당해) 1904~1924년 자유당 소속이었다. 이 기간 로이드 조지의 내각에도 참여했다. 이후 자유당이 몰락하자 보수당으로 복당했다 _ 옮긴이 주.

16 "'처칠은 르네상스적 인간, 20세기 최후의 위인'이다." 김성식, 「인물평전(1): 윈스턴 처칠(Winston Leonard Spencer Churchill, 1870~)」, ≪사상계≫, 1960년 4월호, 222~231쪽 _ 옮긴이 주.

17 "히틀러가 물러간 뒤의 독일(서독) 사람들은 처칠을 어떻게 보았던가. 여론조사에 의하면 세계적으로 훌륭한 사람을 꼽는데 '피와 쇠'로 독일제국을 건설한 비스마르크가 1위요 2위는 '땀과 피와 눈물'로 독일을 부숴버린 처칠이었다. 처칠은 자(영국)·타(외국)가 공인하는 위대한 인물이다." 김성식, 『내가 본 서양』, 109~113쪽 _ 옮긴이 주.

게다가 그 개화는 일시적인 현상이 아니었다. 제1차 세계대전 중에도 중단되지 않은데다가 전쟁이 끝나기도 전에 1918년 교육개혁법Education Act 1918의 제정과 함께 재점화되었다. 그때부터 어떤 환경인지, 어느 당이 집권했는지와 무관하게('뉴딜'은 초당超黨적인 정책임) 고용과 주택, 이 두 가지 문제를 집중 타개해 왔다. 또한 1908년에 첫 도입한 연금제도도 크게 확대했다.

20세기 초반의 절반은 질풍의 시대였다. 그러나 그 어떤 거센 맞바람도 공공사회서비스의 확충이라는 시대의 대세를 저지하지 못했다. 오히려 영국은 바로 그 맞바람을 사회보장과 사회 안전의 나라로 지속적으로 성장할 수 있게 하는 원동력으로 만들었다.

일찍이 북아메리카, 프랑스, 잉글랜드에 자유롭고 정의로운 나라를 세우고자 진력했던 급진주의자 토머스 페인Thomas Paine(1737~1809)이 지금 이 순간 조국의 모습을 본다면 분명히 환호할 것이다. 페인은 1792년 출간한 『인간의 권리Rights of Man』 제2부 5장에 사회 개혁의 청사진을 담았다. 그 청사진 안에는 14세 이하 아동의 교육비, 노령자 연금, 출산 지원금 제도를 정부 재원으로 마련할 것, 그리고 런던에 근로알선청system of unemployment exchanges을 설치할 것을 제안하는 내용을 담았다. 페인이 유명幽明을 달리하고 나서 오랜 시일이 경과한 뒤에야 비로소 그의 꿈이 이루어진 셈이다. 만약 페인이 지금 환생한다면 그의 꿈을 — 무상 아동교육, 노령자 연금, 출산 지원과 아동복지 서비스, 고용 정보 센터 — 국민의 당연한 권

리로 받드는 국가가 탄생한 사실을 확인하고 더없이 행복해할 것
이다.

공공사회서비스의 유형

공공사회서비스의 종류를 분류하는 방법은 많다. 앞서 살펴본
것처럼 역사적 발전 단계에 초점을 맞추어 분류할 수도 있다. 그런
가 하면 서비스가 제공되는 방법의 특성에 따른 논리적인 분류법
도 있다. 가장 간명하고도 유용한 방법은 역사도 논리도 아닌 인간,
즉 일상생활의 관점에서 분류하는 것이다. 이들 공공사회서비스
가 남녀노소 시민의 일상에 어떤 영향을 미치는지 하는 것이 무엇
보다 근본적인 물음일 것이다. 앞서 제시했듯이 그 영향은 '정신',
'신체', '신분재산'의 세 항목으로 나누어 살펴볼 수 있다.[18] 다음에
서 세 항목별로 들여다보자.

---

18 1937년도의 공공사회서비스 총예산 4억 5500만 파운드를 이들 세 항목으로 나누
    면 다음의 수치가 나온다. 첫째, 정신 항목은 교육예산(급료 지출을 포함함) 1억
    1500만 파운드, 둘째, 신체 항목은 의료·보건·보험·주택 예산 1억 1100만 파운
    드, 셋째, 신분재산 항목은 공적부조·실업보험·실업보조·연금 예산 2억 2900만
    파운드다. 대체로 정신과 신체 항목에 각각 25퍼센트, 신분재산 항목에 50퍼센
    트가 소요되었다 _ 지은이 주.

정신

이 항목의 서비스는 (전부는 아니지만) 절대적 비중이 교육에 집중되어 있다. 중앙정부와 지방정부가 운영하는 전국의 박물관, 미술관, 도서관에 더해서 과학산업연구부Department of Scientific and Industrial Research나 의료연구위원회Medical Research Council와 같은 연구 기관도 있다. 그러나 정신을 대상으로 하는 공공사회서비스의 핵심은 초·중등 학교에 대한 국가의 운영과 지원, 그리고 대학 교육에 대한 지원이다. 전체 교육 시스템은 단계적으로 상승하는 일종의 피라미드 구조다. 거의 800만 명에 달하는 학생이 공공 교육 제도의 피라미드의 한 단계와 연관되어 있다. 첫째 단계는 (유아원생과 유치원생을 포함해) 약 600만 명의 아동이 수학하는 공립 초등학교다. 둘째 단계인 중등교육은 입구는 다소 좁아졌지만 그래도 여전히 많은 청소년이 혜택을 누리고 있다. 이 단계는 약 500만 명의 전일반 학생과 100만 명의 야간학교나 기술학교에 통학하는 학생으로 구성된다. 셋째 단계, 즉 상당히 좁아진 피라미드의 최상층은 성인을 대상으로 하는 교육이다. 여기에서도 이원 구조가 유지된다. 정규대학과 교사를 양성하는 사범대학이 8만 명의 전일반 학생을 대상으로 교육한다. 그런가 하면 거의 비슷한 숫자의 시간반part-time 학생들이 자신들이 편한 시간대에 개설된 강좌들을 수강한다.

피라미드의 각 단계마다 국가는 교육을 제공하거나 재원을 보조한다. 전체 교육예산을 합치면 공공사회서비스 지출의 4분의 1에 달한다.

영국 교육제도의 특징에 대해서는 앞 장에서 개략적으로 설명했기에 여기에서는 공공사회서비스와 관련된 두 가지 논점에 대해서만 간략하게 언급한다.

첫 번째 논점은 교육의 단계, 즉 능력과 성실도에 따라 아래에서 위로 피라미드 계단을 오를 수 있는 기회에 관한 것이다. 첫째 단계에서 둘째 단계, 그리고 둘째 단계에서 마지막 셋째 단계로 진입할 때마다 시험을 통해 선발된 '엘리트'에게 장학금 등 보조금을 지급한다. 이 제도는 더욱 확산될 여지가 크다(특히 둘째 단계에서 분야를 막론하고 재능 있는 학생에게 장학금을 지급하면서 공립학교의 문호를 더욱 넓게 개방할 수 있음). 현재의 기준으로 보아도 20세기 들어 발전에 발전을 거듭해 온 교육제도 덕분에 영국은 일종의 조용한 사회혁명을 성취했다.

두 번째 논점은 정신과 신체를 함께 다루는, 즉 심신 일체의 교육이다. 이것은 단순히 운동장과 체육 시간의 문제만이 아니다. 보다 근본적으로 학교에서의 의료 서비스의 문제다. (특히 초등학교 단계에서) 정기적인 건강진단과 치료, 그리고 우유를 포함한 충분한 영양의 급식이 제공되어야 한다. 1907년에 도입된 학교 의료 서비스 제도 덕분에 학생들의 건강 상태와 교육 환경의 청결 수준에 괄목할 만한 개선이 이루어졌다. 그러나 전쟁 중에 도심에서 외곽

30년 만의 변화
위: 런던 초등학생 단체 사진(1895년)
아래: 같은 학교의 30여 년 뒤(1928년) 단체 사진(런던 카운티 의회 제공)

으로 학생들의 소개 疏開 가 이루어지면서 드러난 도시 지역의 건강과 위생 상태는 아직 개선할 여지가 많다.

신체

이 항목은 모두 건강 보건 서비스에 관한 것으로 세 가지 유형에 주목할 필요가 있다. 첫째 유형은 질병 예방과 건강 증진 서비스다. 이는 단일 서비스가 아닌 복합 서비스로 다양한 기관이 주도하는 다양한 방법이 동원된다. 중앙정부의 의료연구위원회와 (지방정부가 주관하는) 학교 의료 서비스에 대해서는 앞서 살펴본 바 있다. 출산과 관련해 도움을 받을 수 있는 임산부 복지 센터도 언급할 필요가 있다. 그러나 이들은 복잡하고도 다양한 서비스의 작은 예에 불과하다. 이들에 더해 적극적인 측면에서는 아동 복지 센터, 그리고 예방적인 측면에서는 (수적으로 더욱 많은 자율적 민간 병원과 병렬적으로 운영하는) 국립 종합병원뿐만 아니라 결핵, 암, 기타 질병을 전문적으로 취급하는 특별 기관을 들 수 있다. 종합적으로 볼 때 20세기에 영국이 성취한 보건 제도의 발전은 실로 놀랄 만한 수준이다. 이를 생생하게 입증하는 예로 1900년에 신생아 1000명당 154명이던 영아 사망률이 (1937년에는) 53명으로 떨어졌다는 사실을 들 수 있다.

둘째 유형의 복합적 보건 서비스는 첫째 유형의 서비스와 밀접하게 연관되어 있지만 서비스의 범위가 넓고 대상 인원도 많기에 별도의 항목으로 다룰 필요가 있다. 다름 아닌 국민 건강보험이다. 이 제도는 1911년에 처음 도입된 이래 나날이 발전을 거듭해 현재 가입자 수가 2000만 명에 달하고 연간 800만 명이 치료를 받는다. 14세 이상 65세 이하의 모든 근로자(연간 소득 420파운드를 초과하는 사무 노동자는 제외함)의 가입이 강제되는 이 보험은 매주 납부되는 근로자와 사용자의 기여금에 국가의 재원을 더해 운영된다. 단순히 치료비뿐만 아니라 질병과 휴업 기간의 주급 임금도 전보한다.

이에 더해 셋째 유형으로 주택 서비스가 있다. 건강한 주거 환경을 조성하기 위해 모든 주택에 정원 조성비를 지원한다. 이때 지급되는 국가의 보조금 덕분에 주택을 시가보다 저렴하게 임차할 수 있게 되었다. 차액은 새 주택의 건축비로 충당되었다. 이러한 방법으로 1920년 이래 신규 주택 150만 채의 건축이 가능했다. 같은 기간 일체의 보조금 없이도 250만 채의 신규 주택이 세워진 것은 성공한 자조自助의 예로 들 수 있다.

지난 20년 동안 일부는 국가의 보조를 받아, 일부는 국가의 보조 없이 영국인들은 자신의 집을 지었다. 이렇게 세워진 주택 수는 기존 주택 총수의 3분의 1에 이른다. 이 또한 가히 혁명이 아닐 수 없다. 영국의 도시 교외에 들어선 산뜻한 '새 주택단지new estate'를 방문해 본 사람들은 찬사를 아끼지 않는다. 그러나 이 혁명은 아직도 다듬어야 할 것이 많은 채 미완의 과업으로 남아 있다. 새 주택단지는 너무 과밀한데다가 천편일률적인 구조, 동일한 규모, 같은 부류의 사람들만 모인 점 등 상호부조를 통한 공동의 발전을 도모하기 위해 갖추어야 할 필수 요건인 다양성이 결여되어 있다. 또한 새 주택단지는 개별 주택들을 모아둔 것일 뿐 공동체라면 반드시 갖추어야 할 변변한 오락 시설이 없다. 게다가 아직도 개발하고 정비해야 할 도심의 과밀 빈민촌이 허다하게 남아 있다. 하지만 이러한 남은 과제에도 불구하고 개혁의 '의지가 있는 곳에 길이 있는 법이다'.

신분재산

'신분재산'이란 사회적 조건social condition을 의미하는 옛 법률 용어다. 이 표제 아래 간난과 질병으로부터 사람들을 구제하고, (오랫동안 근로자의 악몽이었던) 실업의 절망에서 구하며, 직장도 의지할 이도 없는 노인들의 일상을 보살핌으로써 사회적 약자들의 삶의 조건을 개선하려는 공공사회서비스에 대해 논하는 것은 너무나 자연스러운 일이다.

'사회적'이라고 말할 수 있는 첫 번째 공공사회서비스는 한때 '빈민 구제'라고 불렸고 현재는 '공공 지원public assistance'이라고 불리는 서비스다. 왜냐하면 이 제도는 수혜자의 일상적 삶의 조건을 향상시키기 위한 서비스이기 때문이다. 1601년 빈민구제법의 제정부터 지방정부가 거둔 세금으로 정부의 책임 아래 시행해 온 정부의 업무였다. 역사적으로 보모 역할을 수행해 온 지방정부의 일상

업무인 동시에 현대적 사회서비스의 옹이가 많고 뒤틀린 뿌리다. 오늘날에는 다른 서비스의 뒷전에 대기하고 있다가 최후에 등장한다는 의미에서 잔여殘餘, residuary 사회서비스라고 불려도 무방할 것이다. 이 표제 안에 포함되는 많은 서비스가 건강보험이 발전함에 따라 그 안에 흡수되었고, 이후에도 새로운 영역의 많은 서비스로 대체될 것이다. 그럼에도 불구하고 빈민 구제는 아직도 필요하며 가장 중추가 되는 공공사회서비스다. 1937년 기준으로 (공공사회서비스 총예산의 9분의 1에 해당하는) 5100만 파운드 이상이 빈민 구제에 지출되었다. 이 금액 중 350만 파운드는 지원받는 수혜자의 친지들이 기부했다는 사실이 특기할 만하다. 빈민 구제조차 완전한 '공짜'가 아니다. 수혜자 측의 기여도 섞여 있는 것이다.

신분재산의 제고를 지원하는 공공사회서비스의 두 번째 예는 모든 공공사회서비스 중에 가장 핵심적인 실업자 지원 서비스다. 실업이야말로 산업사회의 저승사자Apollyon다. 영국 사회를 파멸로 몰고 가는 악마다. 영국은 놀라울 정도로 정교하게 악마의 행보를 추적해 기록으로 남겼다. 현재 진행 중인 전쟁이 발발할 때도 실업자 수는 125만 명에 달했다. 1911년에 이미 국민 건강보험과 동일한 차원의 국민 실업보험 제도가 실시되었다. 근로자와 사용자가 기여금을 내고 이에 더해 국가가 보조금을 출연하는 형식으로 운영되는 이 제도는 날로 확장을 거듭해서 현재 150만 명의 근로자가 실업 기간 동안 최장 6개월까지 실업보험금을 수령할 수 있다.

1934년에는 근로자 측의 기여를 조건으로 요구하지 않는 추가 지원 서비스가 실업자지원청Unemployment Assistance Board이라는 이름의 특별 기구의 관장 아래 개시되었다.[19] 이러한 무상 지원의 조건(수혜자격심사means test를 포함함)과 적정 액수에 관한 이견과 갈등이 이어지고 있다. 그러나 많은 논란과 갈등에도 불구하고 이 제도가 필요하고도 합당한 공공사회서비스라는 점에는 합의가 이루어졌다. 1911년 이래로 실업보험과 실업자 지원금 제도에 더해 취업과 실업 문제를 함께 다루는 (별도의) 기관이 탄생했다. 페인이 1792년 제창했던 근로알선청이 노동부 안에 설치되어 30년째 활동하고 있다. 1938년에는 300만 명의 근로자가 이 프로그램을 통해 직장을 소개받았다. 한 예로 1928년 이래로 발전을 거듭해 온 '산업 전직轉職, industrial transfer' 제도에 따라 근로자와 그 가족은 직장을 잃은 곳에서 취업의 기회가 나오는 곳으로 이주를 지원받는다. 실업의 성격과 내용에 따라 구체적으로 세 기관의 도움을 받을

---

19 실업자지원청의 설립은 공공사회서비스 사업에 획기적인 전기를 마련했다. 그 전에 이러한 서비스는 중앙정부와 지방정부가 직접 관장했다. 노동부(Ministry of Labour)가 실업보험을, 보건부가 건강보험을 관장했으며 지금도 주무 부서이기도 하다. 그러나 실업자 지원금 제도가 새로 도입되면서 정부 지원은 이 목적을 위해 별도로 임명한 위원으로 구성된 실업자지원청이 (정부와는) 다른 자격에서 수행하는 간접 방식으로 행해진다. 실업자지원청의 법적 성격은 이 장의 도입부에 설명한 바와 유사하다 _ 지은이 주.

수 있다. 첫째 기관은 국립공공사회서비스위원회National Council of Social Service로 국가의 보조금을 받아 미취업자 클럽을 운영한다. 둘째 기관은 노동부가 직영하는 미취업자 직업훈련소로 연간 수천 명의 근로자가 새 직장을 준비하는 작업을 지원한다. 셋째 기관은 1935년에 설립된 특별지역담당관Special Areas and their Commissioner (현재는 노동부에 의해 대체되었음)으로 장기 실업으로 상시 빈곤에 시달리는 지역을 재개발하고 조정하기 위한 재원을 지원한다. 영국은 아직까지 실업 문제를 해결하지 못했지만, 적어도 이에 대처하는 굳건한 사회 토대를 구축했다.

신분재산의 제고를 위한 공공사회서비스의 세 번째 예로 연금제도를 들 수 있다. 이 제도는 비기여적non-contributory 제도와 기여적contributory 제도로 나뉜다. 비기여적 제도인 노령자 연금제도는 1908년 도입되어 70세 이상의 시민에게 (엄격한 심사를 거쳐) 주당 10실링(0.5파운드)을 지급한다.[20] 1940년 새 법의 시행으로 더욱 강화되었다. 실업자지원청의 보조금을 재원으로 삼아 생계 수단에 관한 심사를 거쳐 수혜자를 지정한다. 보다 비중이 크고 수혜 대상이 넓은 기여적 연금제도는 1925년 첫 시행되었다. 이 제도의 재원은 (건강보험이나 실업보험과 마찬가지로) 근로자와 사용자가 함께 내는 기여금에 더해 정부 지원금으로 충당하며, 수령자 본인은 물

---

20   현재 가치로 환산하면 약 75파운드(한화 13만 원)다 _ 옮긴이 주.

론이고 그가 사망하면 미망인widow과 유자녀도 수혜 대상이 된다. 보험에 가입한 근로자와 그 부인은 65세부터(여성 근로자는 60세부터) 주당 10실링의 연금을 받는다. 65세가 되기 전에 사망한 근로자의 부인은 자신의 이름으로 연금을 받고 이와는 별도로 미성년 자녀의 수당도 받는다. 마지막으로 보험에 가입한 부모의 유자녀들은 14세에 이를 때까지 주당 7실링 6펜스의 연금을 수령한다. 그리고 마지막으로 보탤 말은 현재는 기여적·비기여적 연금의 구분 없이 추가 보조금이 지급된다는 사실이다. 전쟁이 발발하기 직전에 (두 유형을 합쳐) 연금 수령자의 총수가 400만 명이었다. 이 숫자에는 80만 명이 넘는 미망인과 30만 명의 유자녀가 포함되어 있었다. 이들에게 지급된 연금 총액은 연간 9000만 파운드로 공공사회서비스 총예산의 5분의 1에 달했다.

통계 수치의 해설을 마무리하기 전에 현재 진행 중인 전쟁 기간 (1939년 10월부터 1942년 봄까지)에 공공사회서비스의 역사를 일별해 보자. 이 기간 자율적 민간단체의 자발적 기부가 늘어났다. '선린 클럽neighbourhood club'처럼 공습 대비와 소개된 아동의 돌봄 등의 역할을 수행하는 순수한 자발적 단체도 있다. 그런가 하면 음악예술증진위원회나 청소년서비스처럼 자율적 참여와 정부 행위가 뒤섞인 반관반민 성격의 단체들도 있다.

현재 진행 중인 전쟁에도 불구하고 공공사회서비스는 활동에서나 예산에서나 크게 위축되지 않았다. 주택·실업 대책에서 예산이 줄어든 만큼(전쟁 중에 거의 전면적으로 폐지되었음) 교육·건강·연금 부문의 지출이 크게 확대되었다. 실로 놀라운 사실은 전쟁 기간에 공공사회서비스를 확대하는 일련의 새 법률들이 제정된 것이다. 이러한 법률의 예로 최소한 두 가지를 들 수 있다. 첫째, 1940년 3월 제정된 노령자연금법Old Age Pensions Act 1940은 여성의 경우 연금을 수령할 자격 연령을 60세로 낮추었고, 앞서 언급한 것처럼 추가 혜택을 부여하는 법적 조치를 마련했다. 둘째, 1941년 수혜자격심사법Determination of Needs Act 1941은 실업자지원청의 실업자 지원금이나 보충적(추가적) 연금을 받으려는 사람이 거쳐야 했던 수혜자격심사를 폐지했다. 마지막으로 전쟁 근로자war worker에게도 복지 제도가 확대된 사실을 언급할 필요가 있다. 실업보험의 혜택이 확대되었을 뿐만 아니라 고용 준비 훈련 기관도 신설되었다. 전해오는 속담대로라면 '전쟁 중에 법은 침묵한다'. 그러나 영국은 다르다. 전쟁 중에도 법은 활발하게 입을 열어 공동체 전체의 복지를 소리 높이 외치고 있다.

맺음말

이 장에서 기술한 내용을 보면 영국의 민주주의는 실제 현실에서 작동하는 민주주의임을 알 수 있다. 그다지 시대에 뒤지지 않았고 결코 낡거나 '귀족주의적' 편견에 차 있지도 않다. 활기찬 민주주의의 열망에 부푼 신생 자치령dominion의 주민들 중에는 영국의 민주주의가 노쇠했다고 생각하는 이도 있을지 모른다. 그럼에도 불구하고 갈릴레오 갈릴레이Galileo Galilei(1564~1642)가 지구에 대해서 이야기했듯이 영국은 분명히 '움직이고 있다'. 영국인인 필자가 자기 입으로 자화자찬하며 트럼펫 가락을 부는 것은 실로 계면쩍은 일이다. 영국인의 기질상 오히려 지나친 자기 비하의 위험도 있다. 겸양도 일종의 위장된 오만일지 모른다. 루스 드레이퍼Ruth Draper(1884~1956)[21]의 '스케치sketch' 속의 한 숙녀처럼 손님들에게 자신의 집 정원을 보여주다가 조악한 조경을 비판하며 오히려 편안함을 느끼게 된다. 정원에는 어김없이 적어도 몇 종류의 화초가 있다. 이 책은 바로 이러한 사실을 언급함으로써 만족하고자 한다. 영국의 정원은 '사회경제social economy'와 '사회서비스social service'로 불리는 정원인 것이다.

정원의 조성 계획과 식목 작업이 남아 있었다. 영국은 새로운 설계도에 근거해 화초를 심고 수목을 가꾸는 실험에 나섰다. 사회주의와 개인주의라는 상반되는 두 이념의 합을 추구했다. 혼합경제를 지향해 공적으로 설치된 기관들이 '최대의 이익과 국익을 위해

---

21 미국의 배우이자 드라마 작가다. 시대의 풍속을 잘 대변하는 인물 캐릭터의 스케치를 담은 모놀로그와 모노드라마(독백과 독백극)로 큰 인기를 누렸다. Ruth Draper, *Original Character Sketches*(1929)[*Ruth Draper and Her Company of Characters: Selected Monologues*(2001)] _ 옮긴이 주.

(to the best advantage and in the best national interest)' 운영할 권한과 임무를 부여했다. 이렇듯 새로운 노선을 추가하면서도 중용을 택하는 '영국 고유의 전통via media Anglica'을 버리지 않았다. 여전히 극단적 대립 사이에서 타협의 길을 끊임없이 모색한다. 이는 구체적인 상황에 맞는 실용적인 해결을 찾기 위한 잠정적인 사회적 실험으로, 우리 영국인이 선호하는 방법이기에 기꺼이 따르는 것이다. 영국인의 민족성은 무엇보다 '균형balance', 즉 18세기 영국 사상의 핵심이자 20세기 영국인의 행위의 근저에 뿌리내린 본능적인 미덕인 균형을 추구하기 때문이다. 우리는 민주주의의 요체는 균형임을 믿어 의심치 않는다. 우리의 정치 지도자 올리버 리틀턴Oliver Lyttelton(1893~1972)[22]은 1942년 봄에 진정한 영국의 정신을 일러 이렇게 말했다. "민주주의의 진수는 국가의 조직력과 자유로운 개인의 추동력 간에 균형을 잡는 데 있다." 우리는 양자 모두 배양해야만 한다. 개인이나 기업이 단독으로 성취할 수 있는 일이 많다. 마찬가지로 국가의 힘만으로도 이끌 수 있는 경제활동도 많다. 그러나 새 세상에는 양자의 힘이 모두 필요하다.

혼히들 '정치적' 민주주의를 '경제적' 민주주의로 변화시키고 고양시켜야 한다고 주장한다. 이에 대해 답하자면 우리는 이미 그 길

---

22 사업가 출신으로 제2차 세계대전 중에 정치에 입문해 작위를 받고 여러 부처의 장관을 지냈다 _ 옮긴이 주.

을 걷고 있다는 것이다. 우리의 공공사회서비스의 모습이 바로 그 렇다. 이것이 경제민주화가 아니라면 달리 뭐라고 불러야 하는가? 새로 조성하는 정원을 어떻게 구획 짓고 어떤 특질과 미관을 가진 화초를 심을 것인가? 지난 한 세대 동안 (이를테면 1905년 겨울부터 1939년 봄까지) 우리 사회가 공공사회서비스 부문에서 이룩한 발전 은 위대한 사회적 모험이었다. 그 모험의 결과에 대한 조심스러운 경고 또한 경청해야 한다. 즉, 위대한 사회적 모험의 결과로 국민 개개인은 오히려 덜 모험적이고 덜 선구적이 되어 현상에 자족할 지도 모른다는 경고다. 우리가 이렇게 질서 정연하게 성취해 냈기 에 개개인의 차원에서는 굳이 용감하게 위기에 맞설 투쟁력을 배 양할 필요가 없다는 안이한 생각은 그러나 벗어던져야 한다.

분명 우리는 이 경고를 경청해야 한다. 그러나 영국이 공공사회 서비스 시스템의 구축에 성공했다는 위대한 승리에 대해서는 자 부심을 버리지 말아야 한다. 여기에서도 핵심은 균형이다(그 어떤 경우에도 균형 없이는 아무것도 이룰 수 없음). 자율적 민간과 정부의 행위 사이의 균형, 중앙정부와 지방정부 사이의 균형, 협동과 혼화 混和, mixture와 타협 등 균형 잡힌 중용이야말로 위대한 영국 사회 를 건설하는 데 있어 한시도 잊어서는 안 될 금과옥조다.

이 뒤섞인 제도는 일견 엉성해 보이고 때로는 삐걱거리기도 한 다. 그럼에도 불구하고 쉼 없이 앞으로 나아간다.

우리는 새로운 안정을 얻었다. 새로운 자유의 다발도 얻었다. 남녀 불문하고 모든 사람이 교육받은 정신의 자유를 누리고, 질병으로부터의 자유, 결핍과 공포로부터의 자유, 실업과 무일푼 노인으로 전락할 공포로부터의 자유를 얻었다.[23] 우리는 사회적 평등social equality이라는 새 비행기에 탑승했고, 사회적 박애social fraternity라는 새 비행기와 동반 운항하는 축복을 누리고 있다. 그러나 아직도 갈 길이 멀다. 아직도 넘어야 할 험준한 산맥이 많다. 평등의 영역에서는 더욱더 그렇다.[24] 여태껏 우리는 자유의 정착에 매우 천착하면서 평등의 실현에는 상대적으로 신경을 덜 쓴 것이 사실이다. 이제야말로 본격적으로 평등의 실현에 주력해야 할 때가 되지 않았는가?[25] 무엇보다도 박애에 더욱 정성을 쏟아야 한다. 국토의 건

---

23 프랭클린 루스벨트(Franklin Roosevelt, 1882~1945) 미국 대통령의 뉴딜 정책이 내세운 캐치프레이즈의 영향을 받은 표현으로 보인다. 루스벨트는 1941년 1월 6일 미국 의회 신년 연두교서(State of Union Message)에서 '결핍으로부터의 자유(Freedom from want)'와 '공포로부터의 자유(Freedom from fear)'를 포함하는 '4대 자유'를 주장했다[나머지 둘은 언론과 표현의 자유(Freedom of speech and expression)와 신앙의 자유(Freedom of worship)임]. 자세히는 David M. Kennedy, *Freedom From Fear: The American People in Depression and War, 1929~1945*(Oxford University Press, 2000)를 참조 _ 옮긴이 주.

24 "자유와 평등은 절대로 합일될 수는 없다. 그러나 자유가 평등을 견제하고 평등이 자유를 견제하므로 사회는 건실하게 발전할 수가 있는 것이다." 김성식, 『현대사상강좌』, 제10권(1961) _ 옮긴이 주.

25 안경환, 「헌정 50년과 자유와 평등의 이념」, 서울대학교 ≪법학≫, 제39권 4호(1999. 2), 34~56쪽; 「평등권 50년: 자유에서 평등의 논쟁으로」, ≪헌법학연구≫,

설에, 자본재의 생산에, 이웃과 더불어 사는 공동체의 삶에 박애의 정신이 뿌리내려야 한다. 더는 성취할 것이 남지 않은 세상처럼 황량한 세상이 또 어디에 있을까? 인간의 정신에 한계가 없고 인간의 능력에 한계가 없는데, 어찌 남은 할 일이 없을까 보냐! 보다 광대하고 보다 역동적이며 활기찬 나라, 유구한 역사에 빛나는 고토故土 위에 새로운 나라를 건설할 각오는 우리 모두의 책무가 되어야 할 것이다.[26]

제4권 1호(1998.6), 44~56쪽 _ 옮긴이 주.

26 "영국사에서 중요한 순간순간에 사회는 분열하기보다는 오히려 하나로 뭉쳤다. 후기 중세에는 그 어떤 계급 혁명도 일어나지 않았으며, 근대 산업사회에서 폭력적인 혁명적 봉기가 일어나리라는 마르크스의 예언은 실현되지 않았다. 영국은 17세기에 이미 그 정치적 혁명의 여러 긴장 요소를 흡수할 수 있었고 18세기에는 산업혁명의 긴장 요소를 흡수할 수 있었다." 케네스 모건 편저, 『옥스퍼드 영국사』, 11쪽 _ 옮긴이 주.

편집자의 말

　나는 대학(한국외국어대학교) 학부와 대학원에서 영어를 전공했다. 아울러 역사에도 많은 관심을 가졌다. 학생 때 교양과목으로 서양사를 이해남(1910~1989) 교수로부터, 국사를 차문섭(1929~2005) 교수로부터 배웠다. 영어를 공부했기에 영국사에도 관심이 많았다. 영국사에 크게 눈을 뜬 것은 당시 고려대학교의 김성식 교수가 ≪사상계≫에 쓴 글을 읽고 나서다. 내가 대학을 다니고 사회에 첫발을 내딛을 무렵에 김 교수가 ≪동아일보≫에 칼럼을 많이 썼다. 특히 그의 "시론"은 서양사뿐만 아니라 동양의 고전과 지혜에도 숙달한 원숙한 역사가이자 사상가의 글로 내게 많은 감동을 주었고 지금 다시 읽어도 생동감이 넘친다.

　1970년대 중반 나는 수출 진흥에 진력하는 해외 주재원으로 영국에 체류하게 되었다. 그리고 그 나라의 거리에서 수많은 역사와 마주하게 되었다. 영국인들은 역사와 함께 일상생활을 하고 있었다. 내 사무실은 런던 시내 중심부에 위치했는데 머지않은 곳에 호레이쇼 넬슨Horatio Nelson(1758~1805) 장군의 동상이 우뚝 솟아 있어 아침저녁 출퇴근길에 보고는 했다. 점심시간에는 근처 초상화 박물관에 들러 영국의 수많은 역사 인물을 보았다. 레스터Leicester

광장을 걷다 보면 몇몇 건물 입구에 유명 인사가 과거의 어떤 시기에 그곳에서 체류했음을 알리는 동판이 있었다. 가령 아이작 뉴턴과 같은 역사적 인물이 그곳에서 살았다는 사실을 알려주었다. 걸어서 30분이면 영국 국회의사당과 웨스트민스터 사원에 갈 수 있었다. 그곳에서 외투 자락이 바람에 휘날리는 윈스턴 처칠 수상의 동상을 보면 대학원 시절 최정우(1907~1968) 교수의 말씀이 떠올랐다. "1945년 제2차 세계대전 승리 직후 실시된 선거에서 처칠이 낙마했는데, 영국 국민이 왜 그런 선택을 했는지 해석이 분분하다네. 우리 같으면 국부로 모시자고 했을 터인데."

학창 시절 나는 시사영어사에서 발간한 ≪시사영어≫를 많이 읽었다. 케임브리지 대학교를 소개하는 글에서 학생들이 조정 경기를 하는 사진을 본 적이 있다. 그 기사가 생각이 나 영국에 도착한 지 한 달쯤 지난 어느 주말에 두 딸을 데리고 케임브리지 대학교를 찾아갔다. 기차에서 내려 걸어가다가 로터리에 도달했는데 그 중간에 학생 동상이 서 있었다. 동상은 한 손에는 총을 들고 다른 손에는 책가방을 들고 있었는데, 아래 동판에 "제1~2차 세계대전에 출전해 전사한 학생을 추모함"이라고 적혀 있었다. 대학 때 박술음(1902~1983) 학장에게서 배운 『굿바이 미스터 칩스Good Bye Mr. Chips』[1]가 불현듯 생각났다. 한평생 사립학교 교사로 지내다 은퇴

---

1 영국 작가 제임스 힐턴(James Hilton, 1900~1954)이 1934년에 발표한 소설이다.

했는데 전쟁이 나면서 교사와 학생들이 자원입대하자 빈자리를 메우기 위해 다시 학교로 복귀한 노(老)교장의 이야기를 다룬 소설이다. 영국의 교사와 고교생들이 징집영장도 받지 않고 자원입대해 전선에 투입되었다가 영영 귀환하지 못하거나 상이용사가 되어 돌아온 전쟁의 상흔이 느껴졌다. 바로 그 역사의 현장에 내가 서 있었다. 케임브리지 대학교 교정에는 전몰한 학생들의 명단이 동판에 새겨져 있었다. 꽃다운 나이에 나라를 위해 목숨을 바친 이들의 이름을 보며 나도 모르게 그들의 용기에 고개를 숙였다.

영국 근무가 끝난 후에도 나는 20여 년간 같은 일을 하며 유럽에서 통산 10여 년을 지냈다. 그 무렵 나에게는 머릿속에서 떠나지 않는 의문이 하나 있었다. 영국은 국토 면적이 한반도의 1.1배에 지나지 않고 인구도 5000만여 명(1970년대 기준)에 불과한데 어떻게 전 세계를 지배할 수 있었는가? 반면에 독일은 (내가 직접 체류하지는 않았지만) 세계 일류 국가인데도 어째서 두 번의 세계대전을 일으키고 유태인을 600만 명이나 학살했단 말인가? 이러한 두 가지 의문을 품었지만 나로서는 어떤 해답도 찾지 못했고, 그런 채로 첫번째 직장생활을 마치게 되었다.

2000년대 들어 출판계와 인연을 맺게 되면서 우연한 기회에 학생 때 인쇄 매체를 통해 알게 된 김성식 교수를 다시 대하게 되었다. 사실 이분이 책을 여러 종 냈지만 나는 그러한 일도 알지 못했다. 고서점을 통해 구한 『내가 본 서양』(KBS에서 파기된 도서였음)

과 『역사와 우상』을 읽으며 유럽에서 지낼 때 품었던 영국과 독일에 대한 의문이 많이 풀리게 되었다.

앙드레 모루아가 그의 저서 『영국사』에서 "영국의 역사는 인류의 가장 현저한 성공의 한 예다"라고 한 말이 옳다고 하면 "독일의 역사는 인류의 가장 현저한 실패의 한 예다"라고 한 것도 일리가 있는 말이 아니겠는가? (……) 독일은 영국과 같이 현실에 입각해서 역사의 교훈을 얻으려 하지 않고, 역사에 입각해서 현실을 그 역사에 맞도록 채찍질을 하니 전후 역사가 맞을 리가 없다 _ 김성식, 『내가 본 서양』, 296~297쪽.

국가적·획일적 교육정책은 독일인을 규율적으로 잘 훈련시켜 놓았으나 그것은 어디까지나 집단적·타율적 훈련이었고 독일인 각자의 자각적·독립적 훈련은 되지 못했다. (……) 영국의 교육은 긴 세월을 통해서 자각적·자율적 인간을 만들었는데 독일은 짧은 기간에 타율적으로 순응하는 인간을 만들었다 _ 김성식, 『역사와 우상』, 62~63쪽.

이 두 책을 보고 나서 나는 김성식 교수의 제자인 윤홍구 씨를 수소문했다. 그는 은사를 모시고 직접 차를 운전해 1978~1979년에 걸쳐 유럽 전역을 두 차례 여행한 사람이었다. 이 두 책을 근간으로 삼아 윤 씨를 통해 유럽 역사 답사기를 다시 출간하고 싶었다. 그를 찾기 위해 백방으로 노력하던 중에 그가 독일 유학을 마치고 단국대학교 사학과에서 학생들을 가르친 기록이 나와 학교에 알아보았으나 아는 사람이 아무도 없었다. 그의 모교인 고려대학교 동창회에 알아보아도 소용이 없었다. 나중에 그가 이 세상 사람이 아니라는 것을 알았다.

그러면서 김성식 교수의 『역사와 현실』(1968), 『광복을 찾아서』, 『김성식 정치평론: 쓴소리 곧은 소리』, 『루터』를 헌책방에서 구했다. 또한 국회도서관에서 김 교수가 쓴 『현대사상강좌』와 그가 기고한 ≪사상계≫, ≪동아일보≫, ≪월간중앙≫, ≪기독교사상≫, ≪월간조선≫, ≪史叢(사총)≫, ≪숭대학보≫ 등에서 관련 글을 복사하고 주제별로 선별 작업을 했다.

2017년은 루터가 죽은 지 500주년이 되는 해였다. 그와 종교개혁에 관한 책들이 전 세계적으로 많이 나왔다. 김성식 교수가 정치 교수로 몰려 교단에서 쫓겨난 1967년은 루터가 죽은 지 450주년이 되는 해였다. 50년 전에 김 교수가 출간한 루터 전기를 저작권을 갖고 있는 그의 후손을 찾아 어렵사리 허락받아 최신 언어로 고쳐 다시 출간했다.

그다음에 앞서 언급한 각종 단행본, 논문, 언론 매체 기고 중에 오늘날 한국 독자들의 역사의식을 높여줄 글들을 모아 책으로 내려고 준비했다. 선별된 글들을 타자로 치고, 1969년 발행된 『광복을 찾아서』를 직접 편집한 현대실학사의 정해렴 대표가 선별된 전체 글의 교정을 보았다. 정 대표는 김성식 교수의 「다시 보는 태극

기: 8·15 해방」은 반세기가 지난 지금 보아도 우리에게 감동을 주는 명문이라고 했다.

준비하던 책의 가제를 『역사의 교훈』으로 정하고 김성식 교수와 직접 인연이 닿을 만한 제자를 수소문해 해제를 부탁하려던 차에 우연하게도 서울대학교 법학전문대학원의 안경환 명예교수가 《교수신문》에 그의 스승 김성식 교수에 대해 기고한 글을 읽게 되었다.[2] 안 교수에게 해제 원고를 청탁해 흔쾌히 승낙을 받았다. 그렇게 모든 준비를 마친 후에 단행본으로 출간하려고 했으나 이런저런 사정이 여의치 않아 출간을 포기하게 되었다. 그러던 중에 오래전에 김성식 교수의 감수를 받아 안 교수가 번역한 어니스트 바커의 『천년 역사를 품은 섬나라, 영국』을 출간하게 되어 대단히 기쁘다.

김성식 교수는 청년 시절 대학에서 문학을 공부하기로 한 계획을 포기하고 일제의 강점에 처한 "조국의 운명을 생각하면서" 서구의 자유주의와 민족주의를 중심으로 서양사를 전공했다. 특히 그는 학문적 관심을 영국 역사에 두었는데, 이를 통해 한국의 민주주의 운동에 이바지하려는 생각에서였다. 김 교수는 생전에 영국사에 관한 논문과 영국의 역사 발전을 언급한 글을 많이 남겼다. 바

2   안경환, "스승의 생애를 곱씹을수록 부끄럽기만 한 내 삶이다: 나의 스승, 약전 (藥田) 김성식(金成植) 선생님", 《교수신문》, 2018년 10월 15일 자.

커는 김성식 교수에게 많은 영향을 준 영국인 학자로, 바커의 책을 번역한 오래된 원고가 이번에 빛을 보게 된 것을 매우 의미 있게 생각한다.

"내가 잘 살겠다고 하기보다는 바르게 살아 그 전통을 후손에게 잇도록 한다면 사실로서의 역사는 허무하지만 관념으로서의 역사는 영원하다"라는 김성식 교수의 말을 떠올리며 이 글을 마친다.

박행웅

지은이

어니스트 바커 Ernest Barker(1874~1960)

1874년 영국 체셔주 우들리(Woodly) 태생이다. 맨체스터 그래머스쿨과 옥스퍼드
대학교 베일리올칼리지를 졸업하고 옥스퍼드 대학교와 런던 정치경제대학교 교수
를 거쳐 런던 대학교 킹스칼리지 학장을 지냈다. 1928년부터 케임브리지 대학교
의 정치학 교수이자 첫 록펠러(Rockefeller) 석좌교수로 임용되었다. 1936년 자유
당 전국위원회(Liberal Party Council) 위원으로 선출되었고, 1944년 기사 작위를
받았다. 영국예술원(Federation of British Artists) 위원으로 선출되었고, 1958년
미국학술원(American Academy of Arts and Sciences)의 명예위원으로 선출되었
다. 케임브리지 대학교 세인트보톨프 교회(Saint Botolph's Church)에 기념석이
세워져 있다.

바커는 정치학, 역사, 철학 등 다양한 주제에 관한 저술을 남겼다. *Social Contract:
Essays by Locke, Hume, and Rousseau*(1956), *The European Inheritance*, Vol.3
(edited by Sir George Clark and Eugène Vaucher, 1954), *Age and Youth: Memories of Three Universities and the Father of Man*(1953), *Essays on Government*
(1951), *Principles of Social and Political Theory*(1951), *Traditions of Civility*
(1948), *Character of England*(edited, 1947), *The Politics of Aristotle*(1946), *The
Development of Public Services in Western Europe 1660~1930*(1944), *Britain
and the British People*(1942), *Reflections on Government*(1942), *Oliver Cromwell and the English People*(1937), "Translator's Introduction" to Otto von Gierke
in *Natural Law and the Theory of Society*(1934), *Ireland in the last Fifty Years:
1866~1918*(1919), *Greek Political Theory: Plato and his Predecessors*(1918),
*Political Thought in England from Herbert Spencer to the Present Day: 1848~
1914*(1915), *The Political Thought of Plato and Aristotle*(1906), *The Republic
of Plato*(1906).

바커의 사후에도 그의 학문적 기여를 분석하는 글들이 이어졌다. Julia Stapleton, "Ernest Barker: A Centenary Tribute"(edited, 2006), *Englishness and the Study of Politics: The Social and Political Thought of Ernest Barker*(1994) 등이 있다.

옮긴이

안경환

1948년 경남 밀양 태생이다. 1970년 서울대학교 법과대학을 졸업하고, 1987년부터 2013년까지 같은 대학의 교수로 재직하며 영국법, 미국법, 헌법, 인권법, '법과 문학' 등 다양한 분야에서 많은 저술을 남겼다. 미국과 영국의 여러 대학에서 법을 공부했고, 서울대학교 법과대학 학장, 한국헌법학회 회장, 제4대 국가인권위원회 위원장을 역임했다. 현재 서울대학교 법학전문대학원 명예교수와 베이징 이공대학 법학원(北京理工大學 法學院) 명예교수(榮譽敎授)직을 보유하면서 국제법학자위원회(International Commission of Jurists) 위원으로 일하고 있다.

한울아카데미 2524

천년 역사를 품은 섬나라, 영국

지은이 ｜ 어니스트 바커
옮긴이 ｜ 안경환
펴낸이 ｜ 김종수
펴낸곳 ｜ 한울엠플러스(주)
편집 ｜ 조일현

초판 1쇄 인쇄 ｜ 2024년 6월 18일
초판 1쇄 발행 ｜ 2024년 7월 23일

주소 ｜ 10881 경기도 파주시 광인사길 153 한울시소빌딩 3층
전화 ｜ 031-955-0655
팩스 ｜ 031-955-0656
홈페이지 ｜ www.hanulmplus.kr
등록번호 ｜ 제406-2015-000143호.

Printed in Korea.
ISBN 978-89-460-7524-5 93920